저의 보호자는 고양이입니다

슬로 지음

저의 보호자는 고양이입니다

슬로 지음

프롤로그
모든 건 고양이 한 마리를 사랑하면서 시작되었다

 누구에게나 되돌리고 싶은 순간이 하나쯤 있습니다. 대부분 지난 선택에 대한 미련과 후회 때문입니다. 반면, 몇 번을 되돌려도 같은 선택을 하고 싶은 순간도 존재합니다. 그때의 선택으로 자기 인생이 놀라울 만큼 좋게 변하는 경험을 했을 때 그렇습니다. 제게도 그런 순간이 있습니다. 바로, 반려묘 '도도'와 함께하기로 선택한 것입니다.
 이 책은 고양이 한 마리를 사랑하게 되면서 시작되었습니다. 제 인생의 대부분을 동물들과 함께 해왔기 때문에, 제게 동물 없는 삶은 생각만으로도 어색합니다. 저의 '도도'는 사랑하는 반려견 '해피'를 17년 만에 떠나보내던 시기에 만났습니다. 그리고 그때는 오랜 기간 만났던 연인과 이별했던 때기도 합니다. 처음으로 가깝고 소중한 존재들을 떠나보내는 이별의 아픔을 경험하고, 깊은 우울과 무기력에 빠진 저를 살린 것이 '도도'였습니다. 버려진 한 생명을 거둔 일이 놀랍게도 벼랑 끝에 서 있던 저 자신까지 구하는 결과를 가져온 셈입니다.

이 작은 존재가 제 삶에 얼마나 큰 영향을 끼치게 될지, 미처 몰랐습니다. 어느 날 문득, 고양이 한 마리가 제 삶을 송두리째 바꿔놓았다는 걸 깨달았습니다. 생각보다 많은 걸 나누어야 했고, 예상치 못한 문제를 고민하며 마음이 무거웠던 적도 있습니다. 모든 게 다 좋았다고 할 수는 없지만, '함께'했기에 알게 된 것들이 제 삶에 중요한 가치로 뿌리내렸습니다. 그렇게 제가 알게 되고 깨닫게 된 것들을 글로 쓰기 시작했습니다.

집사인 제가 보기에 고양이가 가진 매력은 그저 '도도함'에 그치지 않습니다. 고양이는 도도하기보다 고고하고, 무심하기보다 독립적이며, 뻔뻔하기보다 당당합니다. 특히, 도도를 보면 '아님, 뭐 어때?'라는 문장이 떠오릅니다. 점프하다 넘어져도, 사냥감을 놓쳐도, 집사한테 거절당해도 개의치 않는 고양이만의 여유가 있습니다. 그런 도도를 곁에서 지켜보며, 저는 오랫동안 꿈꿔왔던 '작가'가 되기 위한 용기를 낼 수 있었습니다. '실패 좀 하면 어때?'라는 마음으로 말이죠!

제게는 세상에서 외면받는 존재들의 가치를 증명하고

자 하는 작가적 소명이 있습니다. 어린 시절부터 존재적 결핍을 느끼며, 스스로를 '미운 오리 새끼' 같다고 생각하며 살아왔습니다. 그래서 저의 오랜 꿈은 평범한 사람으로, 소수가 아닌 다수로 사는 것이었습니다. 하지만 저의 결핍이 다수 속에서 외면받는 소수를 볼 수 있는 눈을 갖추게 했습니다. 글을 쓰면서부터는 다수가 되려 하기보다 외면받는 소수를 위해 목소리를 내는 사람으로 살고 싶어졌습니다. 제 책을 통해 그들도 주인공이 되는 삶을 선물하고 싶습니다. 그리고 제 책이 다수 속에서 외면받아 온 소수에게 진정한 '사랑'이 전해지는 세상으로 가는 디딤돌이 되길 꿈꿔봅니다.

 그 첫 번째 주인공은 저의 반려묘 '도도'입니다. 도도는 추운 겨울에 길에서 발견된 버려진 고양이였습니다. 어디서 태어났는지, 누구에 의해 길러졌는지 알 길이 없습니다. 아직 다 자라지도 않은 어린 고양이가 영문도 모른 채, 하루아침에 차가운 길바닥에 버려진 것입니다. 집고양이로 자라오다 길고양이가 되는 건 결코 쉬운 일이 아닙니다. 집고양이들은 어미로부터 길에서 살아남는 법을 배우지 못했기 때문입니다. 혼자서 밥도 못 먹는 어린아이를 버린 것과 같습니다.

저는 이제 제 곁에서 안전하게 살아가는 도도를 보며 행복감을 느낍니다. 도도가 물리적으로 '안전하다'는 사실 때문만이 아닙니다. 도도의 보호자가 되어, 돌보고 챙기는 시간 속에서 제가 회복되고 더 나은 사람이 되고 싶어졌기 때문입니다. 그렇기에 언제나 우리 곁에 있지만 관심 밖에 있는 존재들을 돕고 살리는 일은, 사실 우리를 살리는 일임을 확신합니다. 제 경험을 통해서 말이죠. 이 책을 읽는 분들이 저와 도도의 이야기를 통해 동일한 감동과 기쁨을 느끼게 되길 기대합니다.

이 책은 많은 사람의 도움으로 완성됐습니다. 도도를 데려온다고 했을 때 기꺼이 함께 품겠다고 결심해 준 가족들, 저의 뜻을 응원하고 지지해 주는 멘토링연구소 윤성화 소장님이 있었기에 가능했습니다. 또한, 지난한 집필 여정을 처음부터 끝까지 함께해 준 심은선 편집장님과 원고를 쓰는 모든 시간 동안 함께한 도도가 있어 포기하지 않고 힘낼 수 있었습니다. 책이 나오기까지 응원해 주시고 도움 주신 모든 분께 감사한 마음을 전합니다.

2024년 8월,
도도 집사 '슬로'

차례

프롤로그

모든 건 고양이 한 마리를 사랑하면서 시작되었다 4

1장. 나도 집사는 처음이라

연민은 우울을 이긴다	12
찾았다, 내 고양이!	17
묘연을 막을 길은 없다	25
백만 원에 모십니다	32
서툴러서 미안해	41
집사의 편지 1. 도도를 처음 만난 날	51

2장. 동고동락, 도도와 함께라면

개 같은 고양이는 없다 54
한밤의 소동 63
끝나지 않는 밥그릇 싸움 70
고양이를 서랍에 넣어두었다 79
평소엔 막내 딸, 사고칠 땐 내 고양이 88
집사의 편지 2. 도도와의 1주년 97

3장. 인생은 고양이처럼

흰 양말 신은 고양이 100
고양이 페르소나 108
하루치 사랑이 필요해 113
고양이는 '야옹'하고 울지 않는다 119
미래 없는 오늘을 산다는 건 125
집사의 편지 3. 집사, 백수된 날 132

4장. 나의 보호자는 고양이

백수의 방에도 해가 뜬다 136
넌 나의 뮤즈 142
잠깐, 순찰 좀 돌겠습니다 148
아무 일이 일어나지 않아도 154
네가 있어서 다행이야 159
집사의 편지 4. 우리 이야기가 세상에 나올 날 164

에필로그
따뜻한 온기가 우리를 살게 합니다 166

1장

나도 집사는 처음이라

연민은 우울을 이긴다

"여기서 뛰어내리면 이 고통이 끝날까?"

1년 전, 우울증이 찾아왔다. 오랫동안 만났던 연인과 헤어진 후부터였다. 어둡고 깊은 터널에 갇혀 출구를 찾지 못하고 헤매는 듯한 기분으로 살았다. 아침 8시 50분, 휴대전화 알람이 시끄럽게 울렸다. 나도 모르게 온 얼굴을 한껏 일그러뜨렸다. 뻣뻣하고 기름진 머리를 쓸어내리며 반쯤 감긴 눈으로 일어나 책상 앞에 앉았다. 컴퓨터를 켜고 기다리는 동안 책상 한쪽에 쌓인 자잘한 쓰레기들이 보였지만, 띠링! 사이트에 접속됐다는 알림 소리에 시선을 거뒀다. 9시 2분…. 요즘 지각하는 횟수가 늘었다고 생각하며 이마에 난 뾰루지를 긁고 있는데 문이 벌컥 열렸다.

"오늘은 좀 씻지?"

짜증 섞인 엄마의 목소리가 귀에 와서 꽂혔다. 퉁명스러운 말투와 달리, 그녀의 손에는 김이 피어오르는 죽 한 그릇이 들려있었다. 거듭 식사를 거르는 딸내미가 걱정된 엄마 특단의 조치로, 언제부턴가 아침마다 죽을 끓여 방에 틀어박혀 있기만 하는 내게 가져다주고 있다. 고소한 참치 냄새가 오늘따라 기름지게 느껴졌다. "알았어…" 엄마의 시선을 피해 대충 답했다. 머리끈을 찾아 손가락으로 엉성하게 빗어 올린 머리를 한껏 높게 묶었다. 휴우.

메신저로 '출근 완료'라는 메시지를 남기고 나서 전일 현황 보고서를 작성해서 보냈다. 같은 사람, 똑같은 멘트, 반복되는 일로 버무려진 지루한 일상이 나의 숨통을 서서히 조여왔다. 지겨워, 나도 모르게 마음을 떠돌던 소리가 짙은 한숨과 함께 튀어나왔다. 아직 식지 않은 참치 죽을 책상 끝으로 밀어 놨다. 의자에 몸을 기댄 채 다리에 힘을 주고 뱅글뱅글 돌렸다. 살짝 어지러워질 때쯤 창문에 비친 베란다가 눈에 들어왔다.

'여기가 몇 층이더라? 뛰어내리면 아프겠지?'
'그래도 이 지긋지긋한 상황에서 벗어날 수 있지 않을까?'

꼬리를 물고 이어지는 생각에 무언가 잘못되어가는 걸 알아채려던 찰나, 휴대전화에서 경쾌한 알람이 울렸다. 띵동! 본능적으로 소리가 나는 쪽으로 고개를 돌렸다. 광고 메시지였다. 예전에 구독해 둔 유기 동물 분양 사이트 알람이었다. 평소라면 그냥 넘겼을 텐데, 그날은 이끌리듯 사이트를 열었다. 그러자 액정에서 하얀 고양이 한 마리가 튀어나왔다.

어미에게조차 관리받지 못한 새끼 고양이가 차가운 철장 안에서 빽빽 울고 있었다. 작은 얼굴의 반 이상을 차지하는 고양이의 눈 끝에 커다란 눈곱이 들러붙어 있었고 한 번도 씻지 못한 것처럼 하얀 털이 엉겨 붙어 있었다. 내 주먹 크기 정도밖에 안 될 정도로 작은 새끼 고양이가 차가운 바닥에 몸을 동그랗게 말고 우는 모습이 꼭 나를 보는 것 같았다. 까맣고 동그란 눈동자에서 아무것도 읽을 수 없었다. 한껏 더 웅크린 몸을 의자 깊이 묻은 채 한참동안 액정 안 고양이를 보았다.

　몇 년 전, 잠시 임보했던* 흰 고양이가 떠올랐다. 잉크 한 방울 떨어진 듯 이마에 난 회색 털이 매력적인 고양이였다. 태어난 지 3개월 남짓했던 고양이는 내 두 손바닥 안에 들어올 만큼 조그마했다. 잠깐이었지만 그때의 온기가 여전히 손 위에 남아 있는 듯했다. 액정 속 솜 뭉치를 손가락으로 톡톡 두드렸다. 어째, 건드리다 보면 나를 봐줄 것 같았다. 웅크리고 있던 몸을 펴 바닥을 디딘 두 발에 힘을 주고 일어섰다. 다리에 걸린 의자가 뒤로 슬쩍 밀려났다. 걸음을 옮겨 침대에 털썩 누웠다. 허리를 펴고 시원해진 몸이 가벼워서인지, 발가락을 까딱이며 조금씩 미세한 움직임을 만

---

*임보: 임시보호의 준말. 구조한 길고양이에게 새로운 반려자가 나타날 때까지의 기간을 말한다.

들어냈다.

휴대전화에 고정된 시선을 따라 마음에 연민이 피어났다. 그리고 그 연민은 내 의식 속에서 조금씩 상상의 나래를 펼쳤다. 어둡고 더러운 철장 안에서 고양이를 꺼내, 오물과 먼지로 뒤덮인 몸을 따뜻한 물로 씻긴다. 뭉치고 엉킨 딱딱한 눈곱도 살살 떼어낸다. 여전히 빽빽 우는 새끼 고양이를 내 침대로 데려와 이불 속에 넣어준다. 따뜻한 온기로 체온을 회복한 새끼 고양이는 우유 한 그릇을 뚝딱하고서 동그란 배를 내민 채 새근새근 잠든다. 상상만 했을 뿐인데, 내 안에 빛이 스며들어 점차 우울함까지도 덮는 것처럼 느껴졌다.

'너를 구하면 나도 살 수 있을까?'

반복해서 재생되는 영상 속 고양이는 내게 구해달라고 하염없이 신호를 보내는 듯했다. 가슴 위에 휴대전화를 올려놓고 눈을 감았다. 어두운 방 안, 새어 나온 영상 불빛이 천장 위로 너울너울 춤사위를 그려냈다. 상상으로 만난 작고 따뜻한 온기가 나를 덮어 오래도록 다독였다.

찾았다, 내 고양이!

　모든 게 귀찮고 지겹다고 느끼던 나를 움직이게 한 건 작은 소망이었다. 따뜻한 온기를 다시 느껴보고 싶다는 마음. 그것은 내게 새로운 인연을 찾을 용기를 갖고 직접 나서게 했다.
　그런데 생각보다 '나의 고양이'를 찾는 일은 의외로 쉽지 않았다. 나는 그저 도움의 손길을 내밀기만 하면 되는 줄 알았다. 그래서 아무런 제한을 두지 않은 채 '가장 도움이 필요해 보이는 고양이'를 데려오자고 다짐했다. SNS나 인터넷 카페에 입양을 원하는 고양이는 많았지만, 왜인지 정작 '입양 신청' 버튼 앞에서 수없이 망설이게 됐다. 호기로웠던 시작과는 다르게 시간이 지날수록 이곳저곳을 살펴보며 비교하는 나를 발견했다. 내게 데려오고 싶은 고양이 '취향'이 있었다는 걸 그제야 알았다.

조금만 더 하얗고 귀여운, 무엇보다도 개냥이였으면 좋겠다고…. 그런데 마음에 쏙 드는 '예쁜' 고양이는 이미 입양됐거나 대기가 걸려있었다. 데려갈 사람을 찾는다고 해서, 언제든지 내가 원하면 고양이를 데려올 수 있을 거라는 생각은 오만이었다. 기대와 실망이 반복되면서 나는 조금씩 지쳐갔다. 그러던 어느 날, 개인이 운영하는 사설 유기묘 센터에서 꽤 마음에 드는 고양이 한 마리를 발견했다. 노란색과 흰색이 적절히 섞인, 생후 8~9개월쯤 되어 보이는 게 영락없이 상상했던 모습 그대로였다. 그리고 무엇보다 '개냥이처럼' 보였다. 나는 당장 담당자에게 연락했다. 그러면서 빠르면 일주일 내로 고양이를 데려올 수도 있겠다고 생각하니까 설레기까지 했다.

"저, 치즈 입양하고 싶어서 연락드립니다!"
"사전 질문지는 작성하셨나요?"

그런데 담당자의 태도는 생각보다 냉담했다. 입양에 앞서 질문지를 통한 사전 점검과 집 방문을 통한 면접이 있다고 했다. 순간 '생각보다 까다롭네. 다른 데 알아볼까?'라고 생각했다. 하지만 몇 주 동안 고생하고 겨우 마음에 드는 고양이를 찾은 거라, 여기서 포기하고 싶지 않았다. 까짓것, 해보자! 질문지는 상당히 구체적이었다. 마치, 고양이가 아니라 인간 아이를 입양하는 느낌이랄까. 함께 사는 가족 구성원에 대해서는 물론이고, 집사*가 될 나의 직업과 결혼 여부를 확인하는 문항들이 많았다. 결혼이나 직장에 의해 파양되는 고양이가 많기 때문이라는 건 나중에 안 일이다. 조금 귀찮고 번거로웠지만 성실하게 답했다. 그리고 드디어 그날이 왔다.

한 달 만이었다. 드디어 입양 담당자가 면접을 위해 집에 방문한다고 했다. '드디어 나도 고양이 집사가 되는 건가!' 생각하니 이상하게 계속 입꼬리가 씰룩거렸다. 딩동! 중년 여성으로 보이는 담당자는 '치즈'가 담긴 케이지를 들고 단출하게 집을 방문했다. 우리는 어색하게 거실에 마주 보고 앉았다. 잠깐의 정적을 끊고

---

*집사 : 고양이의 보호자. 고양이의 독립적이고 자기중심적인 특성 때문에 반려동물의 보호자가 주인이 되는 것이 아니라 고양이의 시중을 드는 것 같다 해서 생긴 말이다.

담당자가 먼저 말꼬리를 텄다.

"다른 가족분들은 어디 계세요?"
"예? 출근하셨는데…."

당시 언니와 아빠가 출근해서, 집에는 나와 엄마뿐이었다. 살짝 난처하다는 듯 담당자는 잠시 말이 없었다. 다른 가족이 모두 있어야 한다는 얘기는 듣지 못한 터라, 담당자의 반응이 내겐 좀 당황스러웠다. 그녀는 집을 좀 둘러봐도 되겠냐며 물었다. 우리는 동의하는 의미로 일어나 먼저 안내했다.

"아직 방묘창**은 구매하지 않으셨나 봐요?"
"아…. 고양이 입양이 결정되면 구매하려고요."
"잊지 말고 최대한 빨리 구매하세요."

그렇게 집에 온 지 30분여 분 만에 드디어 '치즈'가 있던 케이지 문이 열렸다. 치즈는 아주 조심스럽게 밖

**방묘창 : 고양이가 출입하지 못하게 하는 안전장치로, 창문에 설치하는 것을 '방묘창'이라 한다. 일반적으로 고양이는 점프력이 높아 창문 전체에 설치하는 것을 권한다. 고양이가 타고 매달리기 어렵게 직선 창살 형태가 좋다.

으로 슬금슬금 나왔다. 하지만 얼굴을 제대로 볼 새도 없이, 곧바로 소파 밑으로 숨어버렸다. 치즈는 아직 덜 자란 고양이치고 성묘에 가까워 보였다. 얼핏 보면 담당자가 메고 온 가방에 넣으면 꽉 들어찰 만큼 덩치가 컸기 때문이다. 담당자는 치즈가 낯을 가린다며, 적응할 시간이 좀 필요할 거라는 말과 함께 몇 가지 추가 질문을 했다.

"다른 가족들도 모두 좋다고 하신 건가요?"
"네, 모두 동의했어요."

어째 담당자는 직접 보지 못한 구성원이 계속 신경 쓰이는 것 같았다. 반복된 질문이 계속 이어졌다. 원래 절차대로라면 다른 구성원들까지 직접 보고 구두로 동의를 받아내야 한다고 말하는 담당자의 얼굴에 곤란한 기색이 역력했다. 하지만 사실, 직장인 가족들까지 모두 시간을 맞추기는 어려운 일이었다. 계속 고민하던 담당자는 나중에 가족들에게 '동의한다'는 녹음이나 메시지를 보내 달라는 약속을 받아낸 후, 돌아갈 채비를 했다. 그리고 쭈그리고 앉아 소파 밑에 손을 깊이 밀어 넣더니 치즈를 끄집어냈다.

"어? 치즈는 놓고 가시는 거 아닌가요?"
"가족 사인까지 확실하게 다 받으시고 방묘창 설치
랑 다른 필요 물품까지 다 채워지면, 다시 올게요."
"아…."

오늘 바로 고양이를 품에 안아 볼 수 있을 거라는 기대가 매섭게 꺾였다. 서운한 마음이 짙어지기 전에 치즈와 담당자를 배웅했다. 그게 우리 인연의 끝이었다. 누구의 잘못도 아니었지만, 서로 시간을 맞추기가 여간 힘든 게 아니었다. 자꾸만 일이 꼬였고, 결국 입양은 이루어지지 못했다.

'그냥 포기할까?'

애써왔던 한 달이 물거품 되자 속상했다. 한 생명을 책임지겠다면서 너무 가벼운 마음이진 않았는지 돌아보며 잠시 쉬는 기간을 가졌다. 그렇게 거의 포기 상태로 지내던 중, SNS 피드에서 우연히 '고양이 입양 문의' 글을 보게 되었다.

도도의 주인을 찾습니다

사진에는 박스 위에 얌전히 올라앉아 늠름하고 도도한 표정의 고양이가 있었다. 살짝 짙은 노란색 줄무늬와 대조되게 하얀 가슴털과 흰 양말이 단번에 눈에 들어왔다. 이전과는 다르게 몸에 피가 도는 느낌이었다. 이 고양이는 꼭 만나고 싶다는 강렬한 마음이 들었다. 그리고 본능적으로 알았다.

"드디어 찾았다. 내 고양이!"

'도도'를 만나고 알았다. 나의 고양이는 반드시 어딘가에 존재한다는 것을.

저 이 포 호 자 는 고 양 이 입 니 다

❤ 💬 ➤   🔖

좋아요 55개
도도의 가족을 찾습니다
이름: 도도
나이: 1살 미만 추정
성별: 여아
선호 지역: 경기권 및 서울

묘연*을 막을 길은 없다

 띵동! 문을 조심스럽게 열자 나보다 한 뼘 정도 키가 큰 여성이 서 있었다. 그녀는 단정한 코트에 검정 슬랙스 바지를 입고 있었는데, 그 모습이 마치 면접 보러 온 사람 같았다. 그리고 손에는 어딘가 어울리지 않는 분홍색 케이지가 들려있었다. 여전히 문 손잡이를 잡은 채 멀뚱멀뚱 서 있는 내게 생긋 웃으며 그녀가 말을 건넸다.

 "혹시 들어가도 될까요?"

 아차. 너무 긴장한 바람에 문을 열어주기만 하고, 그녀를 계속 복도에 세워뒀지, 뭔가. 들어오라는 시늉과 함께 재빨리 시선을 거두고는 현관 바로 앞에 있는 내

---

*묘연 : 사람과의 연을 인연이라 하듯, '고양이와의 연'의 한자식으로 표현.

방으로 안내했다.

그녀는 임보자였다. 자기가 일하는 카페에 상자째 버려진 '도도'를 잠시 맡아주고 있었다고 했다. 우리는 책상과 침대 사이의 좁은 공간에 마주 앉았다. 거리가 혹 가까워지자 차가운 바깥 냄새가 코로 들어왔다. 하지만 낯선 동물의 냄새는 전혀 느껴지지 않았다. 허공에서 방황하던 내 시선이 자연스럽게 케이지로 향했다. 그녀의 눈길이 나의 시선을 따라 미끄러졌다. 분홍빛 지붕으로 덮어진 케이지는 불투명해서 안에 무엇이 있는지 쉽사리 파악하기 어려웠다. '가까이 가면 보일까?'라고 생각한 동시에 몸을 살짝 앞으로 기울였다. 그런데 나도 모르게 고개가 쭉 빠졌던 모양이다.

"하하…. 궁금하시죠? 낯선 곳이라, 조금 적응할 시간이 필요해서…."
"아 네네…. 천천히 하셔도 돼요!"

얼른 보고 싶어 하는 급한 마음을 들킨 것 같아 머쓱해졌다. 괜히 크게 손사래 치며 격하게 반응했다. 이윽고 그녀는 가방에서 서류봉투를 꺼냈는데, 입고 온 옷 때문이었을까. 그녀는 마치 고객사 미팅을 온 직원 같앉다. 봉투에서 종이 두 쪽을 꺼내 내게 내밀었다. 종이에는 '입양 계약서'라고 적혀있었다. 나는 두 번 정도 느릿하게 눈을 끔뻑였다.

"찬찬히 살펴보세요. 센터는 아니지만, 책임감은 필요할 것 같아서 개인적으로 준비했어요."

계약서에는 '집사 준비 리스트'도 함께 들어있었다. '이게 다 뭐지…?' 종이를 가득 채울 만큼 빼곡하게 적힌 다양한 조항들. 그중 절반은 고양이 집사로서 반드시 지켜야 할 의무가 나열되어 있었다. 매일 아침 환기하기, 화장실 치우고 탈취제 사용하기, 털 빗겨주기, 30분 이상 사냥놀이 해주기, 양치시켜 주기, 영양제 먹이기 등등……. 눈으로 훑어만 보고 기억하기엔 셀 수 없을 만큼 많았다. 천천히 읽어 내려가는 동안 나도 모르게 손톱을 잘근잘근 물어뜯었다. '이렇게 할 게 많다고?' 계약서와 함께 고개가 점점 아래로 떨궈지던 순간, 임보자님이 정적을 깼다.

"혹시 궁금한 거 있으시면 바로 물어보세요."

'이 많은 걸 매일 해야 하나요?'라는 말이 입 밖으로 튀어나오려는 걸 입술을 질끈 깨물어서 겨우 막을 수 있었다. 그러고는 오히려 보란 듯이, 당당하게 사인을 큼지막하게 했다. 서류를 넘겨드렸더니, 그제야 임보자님은 활짝 웃으셨다.

'고양이를 보면 해낼 마음이 생길 거야' 그동안 간절히 바라온 마음이 행여라도 꺾이지 않도록 나의 다짐에 결의를 더했다. 임보자님은 마주 앉은 우리 사이에 케이지를 가져와 조심히 지퍼를 열었다. 몇 분이나 흘렀을까. 시간이 멈춘 것처럼 정적이 흘렀다. 고양이의 귀 끝이 살짝 보였다. 케이지 끝에 닿은 고양이 귀가 움찔거렸다. 딸랑. 임보자님은 가방에서 조그마한 장난감을 꺼내 흔들었다. 순간, 케이지 안에서 기다리고 있었다는 듯 고양이가 냅다 튀어 올랐다. 도도는 전에 본 치즈보다 한 뼘 정도 작았다. 머리가 주먹만 했고, 네 개의 하얀 발이 단정하게 양말을 신은 듯했다. 우아하게 찢어진 눈에선 오묘한 황토색 눈동자가 구슬처럼 반짝거렸다. 표정은 시크한데 몸집은 덜 자란 아이 같았다.

'으으으. 뭐야! 너무 귀엽잖아?!'

명치 끝이 찌르르하게 울리더니, 이내 그동안 내 마음을 무겁게 했던 것들이 한순간에 풀어지는 듯했다. 임보자님이 흔드는 장난감에 정신없이 꼬리와 엉덩이를 흔들며 튀어 오르는 도도에게서 눈을 뗄 수가 없었다. 방정맞으면서도 사뿐한 발재간이 축구선수가 따로 없었다. 그 모습에 나는 매일 도도를 위해 해야 하는 게 많아도 기꺼이 해내 보겠다는 마음마저 생겼다.

'내가 네 최고의 보호자가 되어줄게!'

사뭇 들뜬 마음을 다스리며 결연한 다짐을 되뇌는 순간, 도도가 갑자기 내게로 달려왔다. 그러더니 내 오른손등에 '콩'하고 머리를 박았다. 이건 분명 고양이가 나한테 보내는 '사인'이다! 계약서에 써 내려간 내 이름 석 자 보다 고양이와의 터치가 우리가 함께해야 할 관계라는 걸 강력하게 말해주는 듯했다. 어느덧 도도가 내 무릎 위에 앞발을 올리며 더욱 있는 힘껏 머리로 내 손등을 밀었다. 부비적. 사인을 두 번이나 했으니 이제 정말 피할 길이 없는 것 아닐까! 보슬보슬한 이마 털끝에서 따뜻한 온기가 느껴졌다. 훈훈한 방 온도만큼 회복된 고양이의 체온이, 도도와 이곳이 잘 맞는다는 걸 확신하게 했다. 임보자님은 서명한 서류 한 장을 다시 가방에 넣으면서 질문했다.

"아, 그리고 고양이 이름은 뭐로 바꾸실 거예요?"

사실 이미 마음속으로 '도도'라는 원래 이름이 콕 박혔지만, 새로운 이름을 고민하는 척이라도 하는 게 예의처럼 느껴졌다.

"아… 글쎄요. 지금도 아주 마음에 들지만 새로운 이름도 생각해 볼게요."
"네. 당분간만 잘 있는지 체크할 겸 연락드릴게요."

임보자님은 말을 마치자마자 나에게 아직 붙어있는 도도에게 한 뼘 더 가까이 다가와 '안녕'하고 인사했다.

이제 도도의 안녕과 안부는 나의 몫이 되었다. 도도는 꼬리를 살랑거리며 마지막으로 인사를 나눴다. 잠깐이지만 도도에게는 목숨만큼이나 소중했을 인연을 마중했다. 우리는 절대 헤어지는 일이 없을 거라고, 마음으로 연거푸 다짐했다.

백만 원에 모십니다

고오오오오오- 아으으으으으으-

차가운 진찰대 위에 올려진 도도는 고슴도치처럼 털을 세워 몸을 부풀렸다. 지뢰라도 밟은 듯, 놀란 표정으로 이상한 울음소리를 냈다. 탁! 수의사 선생님이 장갑을 끼더니 조심스럽게 도도를 감싸안고 몸의 구석구석을 만져 살폈다. 마지막으로 도도의 왼쪽 배에서 만져지는 작은 멍울을 신중하게 살펴봤다. 그리고 내가 볼 수 있게 옆에 있던 모니터를 돌려주었다.

"음… 보통 이런 데는 멍울이 잘 안 잡히는데요. 아무래도 탈장 흔적인 것 같습니다."
"탈장이요…?"

수의사 선생님이 내려놓자마자 도도는 내 쪽으로 몸

을 돌렸다. 나는 여전히 수의사 선생님께 시선을 둔 채, 도도의 몸을 감싸듯 부드럽게 쓰다듬었다. 그제야 잔뜩 부풀었던 도도의 몸이 서서히 사그라들었고, 들쭉날쭉 하던 호흡도 안정을 찾아갔다.

"마침, 중성화*할 때가 되었으니 같이하면 되겠네요."
"수술만 하면 괜찮을까요?"

선생님은 걱정하지 말라며 덤덤하게 답했다. 가장 빠른 날로 수술 일정을 예약하고 도도를 다시 케이지 안으로 넣으며 물었다.

"그런데요. 혹시 비용은 어떻게 될까요…?"
"아, 탈장 수술은 30만 원. 암컷은 개복수술로 진행해서요, 중성화 수술이 30만 원. 총 60만 원입니다."
"네… 할부로 해주세요."

생각보다 많이 나온 금액에 카드를 꺼내던 손이 주춤거렸다. 고오오옹. 도도가 이상한 울음소리를 멈추

---

*중성화 : 동물들의 생식기능을 없애는 수술. 중성화 수술을 하거나 하지 않는 것은 집사들의 선택에 달려있지만, 번식할 계획이 없다면 의료적 차원에서라도 수술하기를 권한다.

지 않았다. 불안했던 걸까, 아니면 나의 떨림을 느낀 걸까? 무릎을 굽혀 케이지 안을 들여다봤다. 도도가 케이지 구석에 한껏 몸을 움츠리고 있었다. 몇 가지 더 묻고 싶은 게 남아있었지만, 추후 전화로 문의하겠다는 말을 남긴 채 얼른 병원을 나왔다.

엘리베이터에서 내리니 현관 앞에 박스들이 탑을 쌓고 있었다. 스윽, 슥. 대충 발로 박스를 밀어내고 겨우 문을 열었다. "저거 다 네 거야. 언니 저것만 옮기고 올게." 도도가 들어 있는 케이지를 거실에 두고 박스를 집 안으로 옮겼다. 도도에게 캔을 하나 따주고 바로 박스 해체 작업에 들어갔다. 각각의 박스에는 주문한 캣타워**와 스크래처***, 고양이 화장실이 들어있었다. 박

**캣타워 : 고양이가 놀 수 있도록 탑처럼 높게 만든 구조물. 높은 곳에 올라가는 것을 좋아하는 고양이의 습성에서 착안한 것으로, 재질과 형태가 다양하다.

***스크래처 : 고양이는 나무에 발톱을 가는 습성이 있다. 본래 사냥을 하는 동물이기 때문. 그밖에 스트레스를 풀거나 긴장도를 낮추게 하는 등 여러 용도로 활용된다.

스에서 꺼낸 스크래처는 내 상체 길이와 비슷했고, 화장실은 조금 과장해서 내가 들어가서 쪼그리고 앉아도 될 정도로 거대했다. 이게 뭐라고, 꺼내서 정리만 했는데 땀이 뚝뚝 떨어졌다. 캣타워는 조립해야 해서 일단 거실 한쪽 구석에 두고 나머지는 방과 거실 곳곳에 배치했다. 그러고는 책상에 앉아 노트를 펼쳤다.

"캣타워 20만 원…. 스크래처 두 개에 7만 원…. 화장실 두 개 합하면 8만 원."

고양이 용품 구매 리스트에 택배 온 물품을 찾아 체크 표시를 했다. 도도가 집에 온 지 일주일만이다. 드디어 필요한 물품을 거의 채웠다. 세어보니 거의 10개가 넘었다. 그리고 리스트 맨 끝에 '중성화 및 탈장 수술 60만 원'을 적어넣었다. 다 더하니 100만 원이 훌쩍 넘었다. 고양이를 키우는 데 돈이 많이 들어갈 거라는 건 예상했지만, 이렇게 큰돈이 한 번에 나갈 거라고는 생각지 못했다. 순간, 누군가 도도를 돈 때문에 버렸을 수도 있겠다는 생각이 들었다.

그리고 도도 통장을 따로 만들어야겠다고 생각했다. 자주 이용하는 은행 앱에 들어가 어떤 적금이 적당한지 둘러보았다. 언제 또 급하게 큰돈이 필요할지 모를 일이었다. 가지고 있던 적금을 깨야 했지만, 다행히 이번 중성화 수술은 모아둔 돈이 있어 빠르게 해결할 수 있었다. 처음이었다. 월급의 소중함을 느껴본 게. 때마다 떠나던 여행을 다녀오지 않은 것도 다행이었다. 그 덕에 여윳돈이 있었으니까. 의자에 기대 휴대전화를 보고 있는데 책상 위로 도도가 폴짝 뛰어 올라왔다. 슬며시 내민 주먹에 머리를 콩하고 박치기하더니 비비적거렸다. 이마에서 털이 폴폴 날렸다.

'근데 도도를 키우면 앞으로 여행은 어떻게 가지?'

생각해 보니 고양이와 여행하는 사람은 본 적 없는 것 같았다. 그새 도도는 캔에 든 간식을 먹고 기분이 좋았는지, 노트 위에 발라당 누워 마사지하듯 몸을 이리저리 비볐다. 하지만 평화로움은 오래가지 않았다. 아그작. 잠시 한눈판 사이 도도가 충전기 줄을 씹기 시작했다.

"아, 좀!!"

엉덩이를 찰싹 때렸다. 도도는 세모난 입을 떡 벌린 채 놀란 눈으로 나를 쳐다봤다. 내가 자기를 왜 때렸는지 도통 영문을 모르겠다는 얼굴이었다. 하지만 이내 신경 쓰지 않는 듯 다시 입에 줄을 가져갔다.

이번에는 봐줄 수 없었다. 조그마한 얼굴을 양손으로 부여잡고 힘을 줘 얼굴을 찌그러트렸다. 그리고 손가락으로 얼굴을 비비자, 민들레 홀씨처럼 온 사방으로 털이 날려 퍼졌다. 냥! 도도는 몸에 힘을 잔뜩 주고는 내 손에서 얼굴을 빼더니, 날아갈 것처럼 폴짝 튀어 올라 빠르게 베란다로 도망갔다.

그때 밖에서 인기척이 났다. 나가보니 어느새 집에 온 엄마가 내가 거실에 대충 펼쳐놓은 박스들을 정리하고 있었다. 납작하게 접힌 박스들이 가지런히 쌓여있었다. 엄마는 나를 보자 한쪽에 놓아둔 캣타워를 가리켰다. 뭘 또 샀냐는 속말이 저절로 읽혔다. 머리를 긁적이며 엄마 옆에 다가가 앉았다.

"도도 집이야. 고양이들은 높은 곳에 올라가야 한대."
"아이고. 호텔이 따로 없다."

일주일 사이 집안 곳곳에 들어찬 도도 용품들을 보며 엄마는 한숨을 쉬면서도 캣타워를 펼쳐 조립하기 시작했다. 알루미늄 기둥을 중심으로 가지처럼 뻗어있는 원판을 중간중간 끼워 넣는 방식이었다. 나는 곁에서 설명서를 펼쳐놓고 엄마를 도왔다. 천장에 닿을 것 같이 길쭉한 캣타워는 내 방 베란다로 옮겨와 마저 설치했다. 우리가 천장에 기둥을 고정하고 있는 사이, 베란다에서 쉬고 있던 도도가 봉투에 손을 넣어 작은 나사들을 빼냈다. 그리고 마치 드리블하듯 파닥거리며 나사 하나를 가지고 베란다를 뛰어다녔다.

"아휴, 진짜!"

 결국 도도를 방으로 들여보낸 뒤 베란다 문을 닫았다. 기둥을 세운 후, 중간에 다양한 원목을 끼우고 나니 정말로 하나의 거대한 타워처럼 보였다. 맨 위층에는 둥근 플라스틱 해먹이, 그 아래층에는 네모난 박스 모양의 집이 있었다. 그 밑으로 판판한 원판들이 줄줄이 이어졌다. 도도는 아무리 힘줘도 베란다 문이 열리지 않자, 발톱으로 사정없이 문을 긁다가 앙칼진 소리로 울기 시작했다. "끝!" 나는 캣타워가 완성되자마자 문을 열어 도도를 쓰다듬으려 했다. 그런데 도도는 나를 휭하고 지나쳐 캣타워 맨 꼭대기까지 빠르게 올라갔다. 가장 높은 곳에 자리 잡고 선 도도는 손에 침을 묻혀 눈을 비비더니 이내 다리를 안으로 집어넣어 식빵 자세를 하고는 아래를 내려다봤다. 마치 호텔 VVIP 방에 초대받은 귀빈처럼 보였다. 엄마와 나는 고개를 들어 도도를 바라봤다.

야옹(뭘 보냐옹).

"왠지 우리보고 자기 집에서 나가라는 것 같지?"
"응, 나도 느꼈어. 나가자."

도도를 방해하지 않기 위해 얼른 베란다에서 나왔다. 조용히 문을 닫고 창문에 비친 도도를 쳐다봤다. 캣타워 위에서 쉬고 있는 도도를 보니, 이제 정말 우리 식구가 된 것 같았다. 백만 원이 뭐냐, 도도를 위해 더 많은 돈을 써야 한대도 관계없을 것 같았다. 식구니까.

'잘 부탁해, 도도야!'

저의 보호자는 고양이입니다

서툴러서 미안해

할짝. 도도는 납작한 캔에 들어있는 참치를 천천히 핥았다. 그 사이, 나는 털이 깎여 깊게 파인 도도의 왼쪽 옆구리에 시선이 꽂혔다. 크지 않지만, 선명한 수술 자국이 눈에 띄었다. 아팠겠다…. 나도 모르게 안쓰러운 마음이 들어 도도의 등을 천천히 쓰다듬었다. 도도는 잽싸게 내 쪽으로 고개를 돌려 날카롭게 울었다.

냥(만지지 말라옹)!
"앗! 미안. 얼른 먹어."

흠칫 놀라 손을 뗐다. 수술 부위가 아물 동안 절대 안정을 시켜주라는 수의사 선생님의 말씀이 떠올랐다. 사실, 아까부터 환묘복을 손에 들고 대기 중이었다. 대체 어떻게 입혀야 하는 건지. 구매 사이트에 나온 설명으로는 쉬워 보였는데, 막상 도도를 앞에 두자 막막했다. 쩝쩝. 입맛을 잃은 도도는 평소보다 3분의 1 정도만 먹고 식사를 마쳤다. 바닥에 궁둥이를 붙이고 앉더니 왼쪽 앞발을 혓바닥으로 핥았다. 그런데 점점 혓바닥이 어깨에서 등으로 넘어갔다.

"도도야! 수술 부위는 당분간 그루밍*하면 안된대. 우리 옷 하나만 입을까?"

조심스럽게 다가가 조끼처럼 입을 수 있게끔 단추가 달린 환묘복을 활짝 펼쳤다. 움푹 파인 수술 부위가 닿지 않게, 조심히 오른쪽 옆구리를 손으로 잡고 왼쪽 앞발부터 구멍에 넣으려 했다. 팍! 도도는 꼬리로 내 머리를 세게 치더니 결국 손을 뿌리치고 책상 밑으로 도망갔다.

냥(싫다옹)!
"아잇! 정말…"

~~~~~~~~
*그루밍 : 고양이가 자신의 몸에 묻은 이물질을 제거하기 위해 혀에 침을 묻혀 온몸을 핥거나 이빨·발톱으로 털을 다듬는 행동. 정서적 안정을 찾거나 자신의 흔적을 없애기 위해서도 한다.

헝클어진 머리카락을 다시 정리하며 고개를 숙여 책상 밑을 바라봤다. 컴컴한 그림자 때문에 하얀 발밖에 보이지 않았다. 귀여운 하트 무늬가 그려진 환묘복을 만지작거리며 고민하다가 거실로 나갔다. 혼자서는 어려울 것 같아, 거실에서 쉬는 엄마한테 S.O.S를 청했다. 엄마가 도도를 뒤에서 잡으면 내가 앞에서 구멍마다 하나씩 팔을 넣을 생각이었다. 그런데 붙잡힌 도도가 병원에서 진료받을 때처럼 털을 곤두세우며 하악질** 까지 하는 게 아닌가.

"도도야 미안해. 조금만 참아줘."

도도는 지렁이처럼 꿈틀대며 엄마 손을 빠져나가려 안간힘을 썼다. 나는 최대한 빠르게 옷을 입히고 등 쪽에 달린 단추를 하나씩 모두 잠갔다. 삐질. 등줄기를 타고 땀이 흘러내렸다. 겨우 옷을 입히고 놓아주자, 도도는 다시 책상 밑으로 잽싸게 들어갔다.

"탈장 수술까지 했으니 얼마나 힘들었겠어. 오늘은

**하악질 : '다가오지 마' 혹은 '그만해'라는 경고의 의미로 입을 벌린 채 공기를 내뿜으며 내는 소리.

좀 놔둬."

엄마는 도도가 안쓰러웠는지 미간을 찌푸리며 고개를 낮춰 책상 밑을 한참 바라보고는, 손에 묻은 도도털을 탈탈 털며 자리에서 일어났다. 그러더니 거실로 나가려다 바닥에 놓인 캔을 집어 들었다.

"이런 건 분리수거 좀 바로 하고."

윽. 왜 엄마들은 잔소리하는 걸 잊어버리지 않는 걸까. '하려고 했어'라는 말이 목구멍까지 올라왔지만, 그냥 고개를 끄덕거리는 걸로 답을 대신했다. 지금 내게는 대꾸할 만한 힘이 없었으니까. 엄마가 거실로 나간 뒤 긴장이 풀린 나는 냅다 침대에 누웠다. 침대에 놓여 있던 에코백에서 종이 하나를 꺼냈다. '중성화 수술 후 관리법'. 그래도 다섯 가지 항목 중에서 벌써 두 개나 완료했다. 수술 후 부드러운 식사 주기 완료! 수술 부위를 그루밍하지 못하게 환묘복 또는 넥카라[***] 착용시키기까지 완료! 솔직히 가장 걱정했던 부분이라, 먼저

[***]넥카라 : 고양이들이 배나 다른 곳을 핥지 못하도록 목에 씌워주는 확성기처럼 생긴 기구.

성공하니 마음이 놓였다. '세 번째, 하루 이틀 회복을 위해 활동량 제한하기' 부분을 읽고 있는데 침대 위로 도도가 폴짝 뛰어 올라왔다.

"도도야! 아직은 뛰면 안 돼!"

나는 놀라서 고개를 들고 도도 상태부터 살폈다. 하지만, 도도는 평소와 다를 바 없었다. 총총총. 오히려 도도하게 걸어가서는 침대 끝에 있는 펭귄 쿠션 위로 올라가 앉았다. 어라? 그런데 가만보니 환묘복이… 없다? 엥? 두리번거리며 살피다 책상 안쪽에 내팽개쳐진 환묘복을 발견했다. 아니 대체 어떻게 벗은 거지? 도도는 아랑곳하지 않고 쿠션 위에서 여유롭게 이빨로 발톱을 정돈했다. 후다닥. 다시 환묘복을 집어와 도도를 덥석 잡았다. 급한 마음에 도도를 잡은 손에 힘이 잔뜩 실렸다. 덩달아 놀란 도도가 내 손등을 콱 물었다.

냥(뭐냐옹)!
"아야!"

손등에 점만 한 자국이 선명하게 생겼다. 다행히 피

가 날 정도는 아니었다. '이게 다 자기를 생각해서 하는 건데'라고 생각하자 살짝 울컥했지만, 환묘복을 입혀야 한다는 의무감으로 다시 도도에게 다가갔다. 그렇게 10분이 넘도록 실랑이를 벌였지만 결국은 실패. 환묘복 입히기는 포기하고 병원에서 받아온 넥카라를 집어 들었다. 훈훈해서 좋다고 생각했던 방 온도가 높게 느껴졌다. 그사이 도도는 아예 침대 뒤로 숨었다.

"어휴, 힘들어."

나는 도도를 유인하려고 침대 옆에 걸려있는 낚싯대 주머니에서 방울이 가장 큰 장난감을 집어 들어 흔들었다. 딸랑! 어둠 속에서 도도 눈이 번쩍였다. 아참, 격한 운동은 자제시키라고 했는데! 병원에서 들은 주의사항이 떠올랐을 땐 이미 늦었다. 흥분한 도도가 침대 밖으로 뛰어나와 방 한 바퀴를 뱅글 돌았다. 이불 속에 장난감을 넣고 한 번 더 흔들자 바로 앞까지 폴짝 뛰어왔다. 이때다! 팍! 도도를 냅다 끌어안고 몸에 힘을 줘 눌렀다. 그리고 빠르게 넥카라를 씌웠다. 도도는 목에 무언가 걸리자 당황하며 폴짝폴짝 침대 위를 뛰어다녔다.

"도도야, 천천히 뛰어. 괜찮아, 이제."

 도도는 한참 동안 당혹감과 억울함이 섞인 표정으로 불안정하게 뛰어다녔다. 이럴 땐 나도 어떻게 해야 할지 몰라서 인터넷 검색 창에 '고양이 중성화 수술 후 증상'을 검색했다. 하지만 마땅히 도움 되는 글은 없었다. 그래서 다시 '고양이 진정시키는 방법'을 검색했다. 대부분 글에서 '진정제'가 언급되었는데, 그건 내가 원하는 방법이 아니라서 스크롤을 계속 넘겼다. 그러다 '숨숨집'이라는 단어가 눈에 띄었다.

 불안해하는 고양이에게 안정을 취할 수 있는 공간을 마련해주세요. 숨숨집을 활용한다면 더 좋습니다. 만약 고양이가 숨숨집을 잘 사용하지 않는다면 좀 더 포근한 담요를 깔아줘 보세요!

 나는 베란다로 나가 방치되어 있던 숨숨집****을 꺼냈

**** 숨숨집 : 고양이가 숨어서 노는 집모양의 공간을 일컫는 말.

다. 그리고 의자 위에 말려있던 작은 담요를 숨숨집에 넣고 간식도 하나 안에 넣었다. 바스락. 간식 봉투를 만지자, 도도가 귀를 쫑긋 세우고 나를 쳐다봤다. 폴짝. 의외로 단숨에 내려와 냄새를 맡으며 숨숨집 안으로 고개를 천천히 넣었다.

"그렇지 잘한다. 얼른 들어가서 쉬어."

나는 최대한 작은 목소리로 도도에게 속삭였다. 도도는 간식을 먹으며 주변 냄새를 더 맡는 듯했다. 그리고 숨숨집 안을 한 바퀴 빙그르르 돌더니 잠시 후 털썩 주저앉았다. 어머나! 넥카라 때문에 머리를 몸 안으로 넣을 수는 없었지만, 최대한 몸을 동그랗게 말고 앉아 눈을 감는 것이 아닌가. 얼마 지나지 않아 도도에게서 규칙적인 소리가 들렸다. 그르릉그르릉. 오잉? 이게 말로만 듣던 '골골송[*****]'인가! 처음 마주하는 광경이 신기해서 조용히 고개를 숙인 채 그 소리에 집중했다. 그르렁그르렁. 코 고는 소리도 아니고, 그렇다고 진동 소리도 아닌 게 오묘했다. 한참을 그렇게 멍하니 듣고 있다

[*****]골골송 : 고양이가 기분이 좋거나 편할 때 내는 소리를 노래에 비유하여 이르는 말. 고양이가 낮게 반복적으로 '그르렁' 또는 '가르릉' 내는 소리.

가 불현듯 정신을 차려 이 순간을 휴대전화에 영상으로 남겼다.

 나는 가족들과 저녁 식사를 마치자마자 씻고 들어와 침대에 누워 아까보다만 안내문을 확인했다. 놓친 게 없는지 꼼꼼하게 다시 확인했다. 그러다 문득 도도의 움푹 패였던 왼쪽 수술 부위가 떠올랐다.

'털은 얼마나 지나야 다 자라지?'
'수술 부위 소독을 하라고 했었나?'
'수술 자국 상처가 남으면 혹시 털이 안 자라나?'
'그러고 보니… 아까 넥카라 때문에 간식을 잘 못 먹던데 내일 사료랑 물은 어떻게 줘야 하지?'

 어느새 자라난 물음표들은 머릿속을 가득 채웠다. 휴대전화로 궁금한 것들에 대한 답을 찾아보려 했지만, 뭐부터 어떻게 알아봐야 할지 고르는 것조차 막막했다. 모르겠다. 그냥 내일 병원에 전화해 봐야지. 그르렁그르렁. 도도는 아까보다 좀 더 크게 골골송을 불렀다. 아직 모르는 게 너무 많았다. 숨숨집 지붕 그늘 때문인지 도도 얼굴이 유독 더 어두워 보였다. 코끝이 시큰해졌다. 모든 게 내 잘못인 것 같아 미안했다. 내가 좀 더 공부를 미리 했더라면…. 오늘보다 내일 더 노련한 집사가 되겠다고 다짐하며 도도에게 속삭였다.

"서툴러서 미안해. 도도야."

집사의 편지 1
: 20년 1월 10일, 도도와의 첫 만남

  도도야 안녕? 너에게 처음 쓰는 편지야. 우리 집에 온 걸 환영해! 널 내 동생이라 해야 할까 아님 내 새끼라 해야 할까 아직은 헷갈리지만, 분명한 건 넌 우리 집 귀염둥이 '막내'가 될 거라는 거야.

  다른 가족들은 너와의 첫 만남을 아직 낯설어하지만, 난 네가 총총 걸어와 내 손등에 콩(!)하고 박치기할 때 확신했어. 네가 분명 우리 가족에게 정말 소중한 존재가 될 거라는 걸 말이야. 모든 게 서툰 초보 집사라 아직은 내 옆에서 들리는 작은 너의 숨소리를 듣는 것조차 떨리고 긴장되지만 서툴러도 이해해 줘. 모든 건 시간이 해결해 줄 테니까! 그동안 목적지도 모르는 길고 긴 여행을 하느라 고생했어. 이제 이곳에서 사랑받는 막내로 살게 해줄게~!

2장

동고동락, 도도와 함께라면

개 같은 고양이는 없다

"도도야, 이리 온!"

오요요[*]! 엄마는 손바닥을 내밀고 손가락을 까딱거리며 도도를 불렀다. 지난 17년간, 강아지를 키웠던 경험에서 나온 행동이었다. 하지만 그 부름에 도도는 아주 조금도 반응하지 않았다. 이상했다. 모든 동물에게 통하는 게 아니었나. 도도는 거실장 위에 식빵 자세를 하고 앉아서는 꼬리조차 흔들지 않았다. 마치 명상이라도 하는 것처럼.

"쟤 변했어."
"도도야! 우쭈쭈 이리 와!"

나는 엄마와 반대로 뒤집은 손바닥 전체를 위아래로

*오요요: 강아지를 부르는 소리

크게 휘저었다. 그런데 이게 웬걸? 오히려 역효과가 났다. 도도는 기분이 상했는지 거실장에 탁탁 소리 나게 꼬리를 내리쳤다. 그것도 엄청 신경질적으로. 변했다. 변하지 않고는 이해되지 않을 행동이었다. 애써 실망하지 않으려 했지만 내 의지와 관계없이 입꼬리가 힘없이 내려갔다.

"혹시 중성화 수술 때문인가? 더러는 수술 후에 성격이 변하는 경우도 있다더라."
"그래? 안 되는데… 우리 도도 내 품에서 재워야하는데…"

중성화 수술을 하기 전, 도도는 완벽한 개냥이었다. 내가 외출하고 돌아오면 꾹꾹이를 했고, 엄마가 부르면 냥냥 소리를 내며 달려오기도 했다. 어디 그뿐인가. 장난감을 던지면 꼬리를 흔들며 물어왔고 내가 밥을 먹을 때면 항상 무릎 위에 올라와 있었다. 그건 내가 꿈꿨던 모습 그대로였다. 그런데, 지금은 시크한 표정과 꼿꼿한 태도로 가족 모두와 거리두기를 하고 있으니…. 나는 자리에서 벌떡 일어나 도도가 있는 거실장으로 다가갔다. 이대로 '나의 도도'를 잃을 수 없었다.

냐옹(다가오지 말라옹).
"도도야 이리와. 무릎 빌려줄게!"

팔을 뻗어 도도를 안으려 하자, 무섭게 이빨을 드러내고 날 쳐다봤다. 더 다가오면 물어버리겠다는 표정이었다. 이게 아닌데, 당황스러웠다. 아무리 그래도 하루아침에 성격이 이렇게까지 변할 수 있단 말인가. 그럴 일 없겠지만, 병원에서 고양이가 바뀌었다고 해도 이상할 게 없었다. 나는 쭈그리고 앉은 상태로 울상을 하고 엄마를 쳐다봤다. 엄마는 단념한 표정으로 그냥 오라며 손짓했다. 나는 문득 예전에 키우던 강아지 생각이 났다.

"우리 해피도 그랬었나?"
"아니야, 해피는. 그냥 딱 순한 강아지 같았어."

나는 휴대전화로 '고양이 중성화 성격'을 검색했다. 두세 개 정도 읽은 블로그 글에서는 공통으로 암컷이 1살을 넘긴 후 중성화 수술을 했을 때, 간혹 성격이 까칠해질 수 있다고 설명하고 있었다. 그럼 수술을 너무 늦게 해준 탓이었을까. 그러거나 말거나, 도도는 입을

쩍 벌려 하품을 크게 하고는 거실장에서 내려와 방으로 걸음을 옮겼다.

도도에 대한 의문이 풀린 건, 그로부터 일주일쯤 지난 후였다. 수술 자국은 잘 아물고 있었지만, 탈장 수술까지 했던 터라 혹시 모를 점검 차원에서 병원을 다시 들렀다. 수의사 선생님은 도도의 수술 부위를 찬찬히 살폈다. 도도는 이번에도 고슴도치처럼 털을 쭈뼛 세워 경계했다.

"수술은 잘 된 것 같네요. 걱정 안 하셔도 될 것 같습니다."

도도가 괜찮을 거라는 말을 수의사 선생님께 직접 들으니 그나마 마음이 놓이는 듯했다. 감사하다며 고개 숙여 인사하는 동시에 도도를 케이지 안으로 조심스럽게 밀어 넣었다. 의외로 도도는 순순히 나의 손길을 따랐다. 나는 케이지를 챙겨 나가려고 하다가 번뜩 떠오른 생각에 케이지를 다시 내려놓았다. 그러고는 조심스럽게 물었다.

"선생님, 혹시… 고양이가 중성화 수술하고 나서 성격이 변할 수도 있나요?"

수의사 선생님은 진료 기록을 적다가 입술을 앙다물고서는 잠시 나를 물끄러미 쳐다봤다. 그리고 내게 물었다.

"글쎄요? 원래 어땠는데요?"
"원래 처음에 입양했을 때는 엄청나게 개냥이었거든요. 맨날 꾹꾹이도 하고 부르면 오고. 무릎에도 잠자코 앉아 있고 손길도 피하지 않았어요. 그런데 중성화 수술하고 나서부터 완전히 까칠해졌어요."

나는 몸을 살짝 앞으로 기울여 그동안 풀지 못했던 문제를 알려주듯 한 번에 토해내며 말했다. 끔뻑끔뻑. 내 이야기를 다 듣고 난 후에도 수의사 선생님의 표정은 딱히 큰 변화가 없었다. 오히려 살짝 갸웃하더니 내가 생각지도 못한 걸 되물었다.

"그때 이미 8개월이 넘었을 때 아닌가요?"
"네…. 그런데요?"
"그럼, 성격이 변한 게 아니라 원래 성격으로 돌아간 거예요. 개냥이는 없어요."
"네? 그게 무슨 말이에요?"

나는 이게 무슨 날벼락인가 싶었다. 그래서 나도 모르게 목소리를 높여 따지듯 물었다. 그는 옅은 한숨을 쉬며 나를 타이르듯 말했다.

"고양이는 6개월이 넘으면 발정기가 와요. 좀 전에 말씀하셨던 증상들이 발정기 때 볼 수 있는 증상이에요. 그러니까 지금이 원래 이 친구 성격인 거죠."

머리를 한 대 맞은 것 같았다. 그동안 얹힌 듯 신경 쓰이게 하던 문제는 해결되었지만, 어째 몰랐을 때보다 더 큰 실망감이 몰려왔다. 원래 개냥이가 아니었다고? 나에게 까칠하게 굴던 도도의 모습이 떠올랐다. 나는 멋쩍게 웃으며 케이지를 들고 진료실을 나왔다. 병원비를 계산하기 위해 카드를 내밀고 멍하니 데스크 바닥을 내려다보고 있는데 진료실에서 수의사 선생님이 나왔다. 그리고 내게 습식 캔** 하나를 슬쩍 건넸다.

"이건 집고양이 될 준비를 마친 도도에게 주는 선물이에요."
"아, 감사합니다."

나는 꾸벅 고개 숙여 인사를 하고 한 손으로 캔을 받아 가방 안에 넣었다. 마침, 결제가 완료되었다며 직원이 내민 카드를 전해 받고 있는데, 자리를 뜨지 않고 서 있던 수의사 선생님이 한 마디를 덧붙였다. 그는 아마도 이 말이 하고 싶었나 보다.

"아쉽지만 개 같은 고양이는 없어요. 원래 고양이는 까칠하고 도도하고 싹수없는 게 정상이에요. 그러니 너무 실망하지 마세요."

집에 돌아와 곧바로 선물로 받은 캔을 도도에게 간

**습식 캔 : 고양이가 먹는 습식 사료. 통조림 캔에 들어 있어 습식 캔이라 부른다. 간식캔과 다르게 영양성분이 고르게 들어있다.

식으로 줬다. 나는 도도와 두어 걸음 정도 거리를 두고 바닥에 털썩 앉았다. 그리고 간식 먹느라 정신 팔린 도도를 유심히 관찰했다. 팔랑. 뾰족하게 솟은 세모 귀와 긴 꼬리가 경쾌한 리듬을 만들며 움직였다. 기분이 좋은가 보네. 작은 몸짓이었지만 그 안에도 미묘한 감정의 변화가 있다는 걸 알아차릴 수 있었다. 그릇을 반 정도 비운 후 도도는 입을 쩝쩝거리며 한 발짝 물러서서 앉았다. 그러고는 고개를 숙여 천천히 배를 그루밍했다.

"도도!"

 자기를 부르는 걸 아는 걸까. 도도가 귀를 쫑긋 세우고 나와 눈을 맞췄다. 하지만 거기까지였다. 꼬리를 흔들어주거나 해맑게 웃으며 다가오지는 않았다. 이게 고양이인 건가. 살짝 서운해지려 했지만, 수의사 선생님 말씀을 떠올리며 마음을 애써 다잡았다. 그런데 순간적으로 병원을 나오기 전, 간호사 선생님이 고양이에게 했던 행동이 떠올랐다. 본대로 나도 도도에게 주먹 쥔 손을 슬그머니 뻗었다. 그러자, 도도 시선이 내 주먹에 머물렀다. 으…. 제발! 통해라! 나는 도도를 한 번 더 부르며 주먹을 살짝 흔들었다. 그러자 도도가 몸을 일으켜 사뿐히 걸어오더니 긴장한 내 주먹에 이마를 콩(!)하고 부딪쳤다.

"세상에. 도도야! 이거였어?"

고양이를 부르는 방법이 소리가 아니라 주먹이었다니!! 나는 터질듯한 감동에 도도를 와락 껴안았다. 냥(하지 말라옹)! 비록 도도는 내 배를 발로 차고 도망갔지만, 그래도 좋았다. 이제야 고양이를 조금 알 것 같았다. 도도의 진한 애교는 더 이상 볼 수 없게 되었어도, 이제 진짜 교감할 수 있을 것 같은 자신감이 생겼다. 주먹만 있으면 된다!

한밤의 소동

쨍그랑!

고요한 새벽을 깨운 건 무언가 요란하게 깨지는 소리였다. 놀라서 눈을 떴는데, 아직 해가 뜨지 않아서 캄캄한 방 안은 아무것도 보이지 않았다. 잘못 들었나? 생각하는 순간, 안방 문이 거칠게 열리는 소리가 들렸다. 손만 뻗어 침대 주변을 여러 번 더듬은 끝에 안경을 찾아 썼다.

"어머, 이게 뭐야!"

거실에서 엄마의 비명이 들려왔다. 나는 뭉그적대던 몸을 일으켜 거실로 나갔다. 여전히 암흑같은 내 방과 다르게 거실과 베란다에는 불이 환하게 켜져 있었다. 베란다 문 앞에 멀뚱히 자리하고 있는 도도 뒤로 아주 큰 화분이 넘어져 있었다. 단단한 도자기 화분이 쓰러지면서 깨진 파편이 여기저기 흩어져 있었다. 엄마는 신고 있던 슬리퍼를 벗어들고 도도를 혼내려고 달려갔다.

"아이고! 진짜 내가 못 살아!"

냐-! 도도는 로켓처럼 폴짝 튀어 오르더니 쌩하고 베란다 구석으로 도망갔다. 아무래도 늘 다정하던 엄마가 슬리퍼를 집어 든 모습에 놀란 것 같았다. 털을 바짝 세워 한껏 부풀린 모습이 마치 복어 같아 보였다. 엄마는 도도가 구석으로 숨자, 앞에서 씩씩거리며 화를 삭였다. 나는 베란다로 조심스럽게 나가서 화분 앞에 쪼그리고 앉았다.

"엄마, 화분은 버려야겠는데…?"

엄마는 다시 주변을 살피더니 한숨을 푹 쉬었다. 그러고는 손에 든 슬리퍼를 다시 신더니 내 옆에 같이 쪼그리고 앉았다. 이내 아빠가 방에서 나오며 물었다.

"왜 그래? 큰소리가 난 것 같은데."

아빠는 푸석푸석한 머리를 긁적이며 아직 잠이 덜 깬 눈을 끔뻑였다. 엄마는 아빠에게 빗자루 좀 가져오라며 손짓했다. 아빠는 하품하면서 찔끔 나온 눈물을 닦으며 창고가 있는 베란다 끝으로 향했다. 도도는 분위기가 좀 풀린 것 같았는지 우리 곁으로 슬금슬금 기어 나왔다.

야옹(내 실력 어떠냐옹).
"어휴! 그놈의 도도 하우스 뭐시기 노래를 부르더니!"

엄마는 도도를 한 번 째려보더니 바로 고개를 돌려 내 등을 찰싹 때렸다. 아야! 방심하고 있던 탓에 엄마의 등짝 스매싱을 맞고 휘청했다.

"도도 하우스 당장 없애! 캣타워도 내일 다시 원래 자리로 옮겨."
"잠깐만! 이건 화분을 간수하지 못한 우리 탓 일수도 있지!"

"이렇게 큰 화분이 물컵처럼 그냥 톡하면 넘어지니?"

엄마는 내가 말대꾸를 하자 입술을 꽉 깨물더니, 이번에는 주먹을 높이 들었다. 엄마가 내 머리에 꿀밤을 놓으려던 그때! 빗자루를 챙겨 나온 아빠가 엄마와 나 사이를 가르고 들어와 깨진 조각들을 쓸어 담았다. 역시, 나의 구세주!

"그러게. 도도 거를 왜 네 맘대로 뺐어?"

아빠는 나를 흘긋 보더니 살짝 잠긴 목소리로 말했다. 아, 구세주라는 말은 취소다. 아빠는 은근슬쩍 엄마 편을 들었다. 하지만 내 편을 들어주지 않은 게 미안했는지, 아빠가 내일 캣타워 옮기는 것을 도와주기로 했다.

냐옹(내 방 다시 주는거냐옹).

어느새 도도는 다시 꼬리를 꼿꼿하게 세운 채, 우리 곁으로 총총총 걸어왔다. 수습하는 우리를 구경하는 듯하더니 자기가 깨트린 화분 사이로 드러난 나무뿌리를 발톱으로 쑥 끌어냈다. 참나. 야무지게 잘도 꺼낸다. 엄마는 도도를 보더니 나에게 얼른 데려가라는 눈빛을 보냈다.

"도도랑 얼른 가서 자. 여긴 엄마가 아빠랑 치우고 잘 테니까."

나는 자리에서 일어나 뿌리에 낀 도도 발을 빼내어 감싸안았다. 느릿한 걸음으로 방에 들어가 살며시 문을 닫았다. 그리고 고민할 것 없이 바로 침대 위로 몸을 날렸다. 냐옹(내 방이라옹). 침대에 다시 누운 내 옆에 도도가 다가와 골골송을 불렀다. 얘도 마음이 편해진 걸까?

"도도야, 베란다에 엄청 큰 도도 하우스 만들어줬는데 마음에 안 들어?"
야-옹(맘에 들겠냐옹)!

도도 하우스를 옮기기로 계획한 건 우연히 본 하나의 영상 때문이었다. 꽤 유명한 육묘 유튜버가 아주 멋진 고양이 하우스를 베란다에 만들어준 영상이었다. 보자마자 따라 해보고 싶었다. 도도의 캣타워와 아끼는 장난감까지 모두 베란다로 옮긴 것도 그 때문이었다.

"도도야. 고양이는 자기 영역이 되게 중요하다던데. 너는 나랑 영역 겹치는 거 괜찮은 거니?"

왠지 도도 하우스를 빌미로 방에서 쫓아낸 것 같아 미안한 마음에 도도의 등을 쓰다듬어줬다. 그런데 도도는 내 손에서 쑥 빠져나가더니 낡아서 솜이 다 죽은 펭귄 인형 위에 올라가 식빵 자세를 취했다. 그릉그릉.

"그래, 거기가 네 침대구나."

몸을 살짝 일으켜 모로 누워보니, 한 침대 안에 극명하게 나뉜 서로의 공간이 보이는 듯했다. 도도 이마에 얼른 도둑 뽀뽀를 하고 다시 천장을 보고 누웠다. 닫힌 문 너머로 여전히 화분 잔해를 치우는 듯한 소리가 들렸다. 날카롭고 묵직하게 들리던 소리가 아득하니 멀어져가는 듯하더니 이내 눈꺼풀이 무거워졌다. 깊은 잠에 빠져들기 전, 잠꼬대하듯 도도에게 고백했다.

"도도야, 여기 그냥 우리 방 하자."

끝나지 않는 밥그릇 싸움

야옹(밥 달라옹).

라면을 한 젓가락 집어 들자마자 도도가 내 무릎을 지그시 누르며 울었다. "아이, 잠깐만." 젓가락에서 라면이 한 가닥이라도 떨어질까, 빠르게 몸을 돌려 입에 털어 넣었다. 툭! 그러자 이번에는 튀어 오르더니 내 손등에 힘차게 박치기하며 짧고 굵게 "냥!"하고 소리를 뱉어냈다. 한껏 찢어진 눈매가 눈에 들어왔다.

호로록. 아이 참나. 이 라면이 얼마 만인지 네가 알기나 하냐는 말이다. 엄마가 점심 약속으로 외출한 덕분에 오랜만에 집에서 혼자 라면을 끓인 것이었다. 텔레비전으로 유튜브를 틀었다. 오늘 밥 친구도 어제저녁에 보다만 '무한도전 레전드 편'이다. 라면을 후후 불자 안경에 뜨거운 김이 뿌옇게 서렸다. 얼른 티셔츠 소매로 안경을 닦는데, 어느새 텔레비전 앞으로 간 도도가 사료통을 엎었다. 엎어진 사료통이 내 쪽으로 데굴데굴 굴러왔다.

몸을 일으켜 도도용 밥그릇을 쳐다봤다. 아직 사료가 주먹 한 줌이나 남아있었다. 야옹(새 밥이 먹고 싶다옹). 도도는 아까보다도 더 야무지게 앞발을 붙이고 꼿꼿하게 앉아서 단호한 표정으로 나를 바라봤다. 사실, 도도는 밥그릇에 담긴 지 2시간 이상 지난 사료는 절대 먹지 않았다. 줄 때 먹지, 밥상 예절을 모르는 게 분명하다. 귀찮은 몸을 간신히 일으켜 바닥에 굴러다니는 사료통을 집어 들었다. 뚜껑을 열어서 사료를 새로 담아주는 척, 밥그릇에 몇 알을 떨어트렸다. '밥' 소리를 들은 도도가 내 손 사이를 비집고 들어와 냄새를 맡았다.

킁킁. 야옹(날 속이냐옹).

서늘해진 눈빛이 날카롭게 날아와 내게 꽂혔다. 그러더니 이번에는 밥그릇을 발로 툭툭 찼다. 자기가 밥을 남겨놓고, 금세 새 밥으로 갈아달라고 하는 고약한 심보에 약이 올랐다. 그래서 물러서지 않기로 했다. 사료통을 옆에 다시 세워놓고 모른 척 탁자로 돌아가서 젓가락을 들었다. 면을 오물오물 씹고 있는데 현관에서 도어락 소리가 났다. 고개를 돌리자, 중문을 열고 엄마가 들어왔다. 엄마의 시선이 나를 넘어 탁자에 놓인 라면에 머무르는 순간, 미간이 찌푸려졌다.

"라면 먹지 말라니까~ 냉장고에 카레 있잖아."
"그냥, 오랜만에…."

엄마의 잔소리가 길어지기 전에 고개를 돌려 남은 면을 돌돌 말았다. 도도는 빠른 걸음으로 거실 복도를 지나가는 엄마 옆에 다가가 발라당 누웠다. 그리고 보란 듯이 꼬리로 바닥을 탁탁 치고는, 만세 자세로 기지개를 켜며 데굴데굴 구르기까지 했다. 도도의 이런 몸부림(!)을 보지 못한 엄마가 그대로 걸음을 옮겨 안방으로 들어가려고 하자, 도도는 엄마 앞에 가서 얼굴을 비비기 시작했다.

"어어~ 우리 도도 왜?"
"엄마, 쟤 괜히 그러는 거야."

엄마는 가던 걸음을 멈추고 몸을 낮춰 도도를 쓰다

듬었다. 도도는 엄마의 눈을 지그시 바라보며 느릿하게 눈을 감았다 떴다. 그리고 최대한 애절하게 울었다. 고양이들이 자주 쓰는 '눈 키스*' 수법이었다.

냐아(보고 싶었다옹).
"언니가 또 우리 도도 밥 안 줬어?"

엄마는 내가 말릴 틈도 없이 사료통을 열어 도도 밥그릇에 한가득 부었다. 그동안 나는 라면 국물까지 깔끔하게 먹은 뒤 자리에서 일어났다.

"그렇게 말하면 진짜 내가 안 준 거 같잖아."

도도는 밥그릇에 새 사료가 채워지자마자 그릇에 코를 박고 먹기 시작했다. 아그작 아그작. 하지만 절반도 채 먹지 않고 그루밍을 시작했다. 그렇게 한참 동안 딴짓을 했다. 엄마는 옷을 갈아입고 나와서 도도에게 다가갔다.

"우리 아기, 엄마 뽀뽀해 줘야지?"

* 눈 키스 : 고양이들의 인사법. 눈을 마주치고 천천히 감았다 뜨는 것.

냥(저리 가라옹)!

도도는 털 정리를 마치고 발톱을 정리하려다가 엄마가 다가오자 쌩하니 도망갔다. 역시, 그럴 줄 알았다니까. 나는 고무장갑을 끼고 냄비에 닦으며 매번 속는 엄마에게 이해할 수 없다는 듯 말했다.

"엄마는 왜 알면서 맨날 당해?"
"그래도 어떻게 모른척해? 넌 집사가 돼서 불쌍하지도 않니?"
"엄마는 몰라. 이건 우리 둘의 자존심 싸움이야."
"근데 왜 맨날 네가 지는 거 같지?"
"도도가 자꾸 편법 쓰니까 그렇지!"
"편법이 아니라 영리한 거야."

설거지를 마치고 방에 들어가 방문을 닫으려는 데 도도가 쫓아 들어왔다. 우다다다. 혹여라도 내가 방문을 잠가버릴까봐 평소보다 더 빠르게 달려왔다. 그러다가 제 속도를 이기지 못하고 그만 책상 모서리에 이마를 콩하고 찧으며 넘어졌다. 충격받은 도도의 세모 입이 자동으로 벌어졌지만, 그것도 잠시, 이내 아무렇지 않은 척 엉덩이를 씰룩거리며 걸어갔다. 그 자태가 퍽 우아하다.

풉. 나도 모르게 피식 웃음이 새어 나왔다. 도도는 침대 위로 가볍게 튀어 올라 태연한 척 앞발에 침을 묻혀 이마를 긁었다. 책상 앞에 앉자마자 도도가 얼마나 다쳤는지 보지 못한 게 신경 쓰였다. 그런데 언제 넘어졌냐는 듯 새초롬하고 느긋하게 있는 도도를 보니, 다치지 않은 모양이다. 다행이다.

위이잉. 노트북을 켜는데 때마침 점심시간이 끝났다는 알람이 울렸다. 메신저 로그인을 하고 밀린 업무를 다시 시작했다. 곱게 세수를 마친 도도가 책상으로 올라와 키보드 위에 벌러덩 누웠다. 순식간에 메신저 창에 이상한 글씨가 채워졌다.

ㅗㅕㅣㅑ8ㅓ9ㅑㅓㅑㅐㅕㅒ9ㅎ08ㅓ9ㅔㅒㅒ

"야!"

도도에게 깔린 키보드를 꺼내서 무릎 위에 놓았다.

지움 버튼을 계속 누르는 동안, 도도는 넓어진 책상에서 몸을 더 길게 늘어트렸다. "좀 들어가 봐" 도도를 모니터 쪽으로 밀어 넣으며 책상 끝자락에 겨우 키보드를 다시 올려놨다. 그때였다.

"간식 먹어."

벌컥 문을 열고 들어온 엄마는 오징어채 봉지를 건넸다. 내가 좋아하는 건데! 나랑 도도의 고개가 동시에 엄마에게 향했다. 얼른 봉지를 챙겨 책상 아래로 숨겼다. 그러자 도도의 시선이 함께 밑으로 쏠렸다. 킁킁. 흥분한 도도가 코를 씰룩거리며 일어나 내 쪽을 향해 다가왔다. 다시 키보드가 눌려 제멋대로 글자가 입력됐다. 아잇! 손에 힘을 줘 도도를 밀었지만 소용없었다. 애가 이렇게 힘이 셌던가? 도도는 날렵하게 내민 앞발을 봉지 안에 넣으려 안간힘을 썼다.

"아 진짜! 이건 내 간식이야!"

내가 도도랑 먹는 걸 두고 싸울 줄이야! 요리조리 밀고 들어오는 도도의 얼굴을 손바닥으로 밀쳤다. 그랬더니 이번에는 키보드 위를 뱅글뱅글 돌면서 꼬리로 내 얼굴을 때리는 게 아닌가! 자연스럽게 몸이 뒤로 빠졌다. 그때였다. 순식간에 책상 밑으로 내려간 도도가 내 다리 사이에 껴있던 봉지를 잡아채더니 냅다 거실로 튀었다. 놀란 나도 스프링 튕기듯 의자에서 벌떡 일어나 바로 쫓아갔다.

"엄마, 도도 어디 갔어?"

 나는 거실의 엄마 주변부터 살폈다. 엄마는 빨래를 개느라 도도를 보지 못했다고 했다. 어디에 숨었는지 좀처럼 보이지 않았다. 자주 숨는 부엌을 구석구석 살펴도 보이지 않아서, 안방으로 향하는데 엄마가 저기 보라며 턱 끝으로 베란다를 가리켰다. 몸을 기울여 보니, 베란다 구석에 빼꼼하고 삐져나온 갈색 꼬리털이 살짝 창문에 비쳤다. 최대한 소리 없이 몸을 낮춰 가까이 다가갔다. 도도와의 거리가 좁혀질수록 오디오 볼륨을 높이듯 부스럭거리는 소리가 점점 더 커졌다. 몇 걸음 정도 남기고 부산스럽던 소리가 멈췄다. 순간, 고개를 든 도도와 눈이 마주쳤고, 손을 뻗기도 전에 수납장 밑 공간으로 숨어버렸다. 도도가 있던 자리에는 흘리고 간 오징어채 몇 개가 남아있을 뿐이었다.

"도도야 나와봐."

 더 납작하게 몸을 낮추고 어둠 속에서 도도의 실루엣을 향해 말했다. 도도 입에 물려있는 기다란 오징어채가 흐릿하게 보였다. 이러다가는 진짜 오징어채 한 봉지를 다 뺏길 것 같아서 서둘러 습식 캔 하나를 가져왔다. 빛 하나 없는 좁은 틈에서 도도의 눈이 반짝이는 게 보였다.
 딸칵! 보란 듯이 그 앞에서 캔을 따고 그릇에 담았다. 그러자 도도가 스르르 미끄러지듯 빠져나왔다. 그런데 훔쳐 간 오징어채는 어디 갔는지 도통 보이지 않는다. 이 녀석은 내게 눈길도 주지 않은 채, 그릇에 고개를 처박고 급하게 찹찹 소리까지 내며 먹는다. 귀랑 꼬리가 팔랑거리는 게 기분이 좋은가보다. 도도가 다 먹을 때까지 앞에 쪼그리고 앉아서 기다렸다. 이러고 있으니 정말로 귀부인을 모시는 집사가 된 기분이었다. 오늘도 어김없이 도도의 승. 분명 애교에 넘어가지도 않고 자주 쓰는 수법도 다 알아차렸는데, 이상하게 매번 도도에게 지는 것 같다. 더 철저한 전략이 필요하다.

고양이를 서랍에 넣어두었다

"엄마! 도도 봤어?"
"아니? 너랑 같이 있는 거 아니었어?"

베란다 문을 거칠게 열고 고개를 쑥 내밀며 물었다. 엄마는 빨래한 수건을 탈탈 털고 있었다. 도도를 보지 못했다는 엄마의 말을 듣고도, 직접 확인해야겠다며 베란다 곳곳을 살폈다. 화분을 지나 베란다 끝 창고 문을 열어 구석구석 휴대전화 불빛을 비췄다.

"혹시 도도, 또 주방 서랍에 들어간 거 아니야?"

엄마는 수건 터는 걸 잠시 멈추더니 이제야 생각났다는 듯 나를 바라봤다. 창고에 처박고 있던 고개를 돌리자, 엄마와 눈이 마주쳤다. 불현듯 며칠 전 도도의 행보가 떠오르면서 미간이 저절로 찡그려졌다. '설마 또?' 구부정하게 숙이고 있던 몸을 일으켜 빠른 걸음으로 부엌을 향했다. 역시나, 맨 아래 서랍이 살짝 열려 있었다.

도도가 부엌 서랍에 들어가기 시작한 건 며칠 전부터였다. 그날따라 하루 종일 징징대더니 어느 순간 사라졌다. 그리고 한참 만에 서랍 안에서 기척을 느끼고 찾아냈다. 하지만 서랍 안이 너무 깊어서 아무리 애써도 억지로 꺼내는 건 불가능했다. 결국 닭가슴살과 장난감으로 유인해서 겨우 도도가 직접 나오게 했다. 그때부터였다. 도도는 툭하면 그곳에 들어가 오래도록 나오지 않았다.

"도도야…?"

불안해진 마음에 도도를 부르는 목소리가 저절로 미세하게 떨렸다. 서랍 안쪽을 들여다보려고 하니 너무 컴컴해서 휴대전화의 흐릿한 불빛이라도 빌려야 했다. 다행히 어둠 속에서 도도의 눈이 반짝였다. 하지만 그뿐, 도도는 여전히 나올 기색이 없었다. 그저 조용히, 그리고 가만히 있었다. 그러다가 서랍을 움직이면 나올까 싶어서 닫았다 열기를 반복했지만, 도도의 몸이 걸려 제대로 움직이지 않았다. 어휴.

  도도가 서랍에 들어가는 걸 가만히 둘 수 없던 이유는 서랍 안쪽에 작은 구멍이 하나 있기 때문이었다. 혹여나 그 구멍으로 빠져나가 영영 못 찾을까 봐 걱정됐다. 시간이 흐를수록 초조함이 더해졌다. 빠르게 쿵쾅거리는 심장 소리가 귓가에 진동처럼 울리는 것 같았다. 유인하자! 바로 냉동실에서 미리 삶아놓은 닭가슴살을 꺼냈다. 봉투를 들고 싱크대로 향하는데 서랍이 살짝 들썩였다.

'나오는 건가?'

  탕탕! 일부러 잘 들리게 얼어있는 닭가슴살을 조리대에 세게 내리쳤다. 떨어진 몇 조각을 플라스틱 컵에 넣고 따뜻한 물에 녹였다. 잠시 기다리는 동안 서랍을 주시했다.

"그냥 내버려두지~ 시간 지나면 알아서 나올 텐데."

  빨래를 다 널고 온 엄마는 안절부절못하며 닭가슴살

조각을 녹이는 나를 힐끔 쳐다보며 말했다. 하지만 나는 엄마 말을 듣는 둥 마는 둥, 녹은 닭가슴살을 그대로 컵에 놓은 채 식탁에 앉아 도도를 기다렸다. 그러나 도도는 아무런 기척이 없었다. 지잉. '퇴근 시간'이라는 문구와 함께 휴대전화 알람이 울렸다. 벌써 6시였다. 업무를 마무리해야 해서 하는 수 없이 다시 방으로 들어갔다. 탁탁. 오늘 업무를 마무리하고, '퇴근하겠습니다'라는 인사를 메신저로 보내고 있는데 거실에서 엄마의 다급한 목소리가 들렸다.

"지혜야! 빨리 와봐!"

갑작스러운 부름에 놀라 몸이 용수철처럼 튀어 올랐다. 나가보니, 도도가 다시 유유히 서랍에 들어가고 있었다. 내가 목격한 건, 도도의 꼬리라도 잡으려던 엄마가 그마저도 놓치는 뒷모습이었다.

"뭐야? 어떻게 된 거야?"

엄마는 조리대 위를 가리켰다. 닭가슴살을 도둑맞은 컵이 엎어져 있었다. 하아. 어떤 상황이었을지 예상된

나는 이마를 짚었다. 엄마는 다시 도도를 꺼내보려고 손을 뻗었지만, 이미 늦은 듯했다.

"어쩌지? 장난감이라도 흔들어볼까?"
"됐어. 그냥 둬. 지가 지치면 언젠가 나올 거야."

 엄마는 무릎을 피고 일어나서는 허리를 주먹으로 두드리며 반찬을 가지러 베란다로 나갔다. 나는 망부석처럼 우두커니 서 있다가 애매하게 열려있는 서랍 앞에 쪼그리고 앉았다. 문을 한 번 밀어보았다. 뭔가 묵직한 게 걸려서 다시 튕겨 나왔다. 다행히 도도는 구멍 밖으로 사라지지 않았다.
 얼마 전, 실수로 도도가 집을 한 번 나간 적이 있었다. 다행히 옥상 구석에서 찾았지만 좀 더 늦었더라면 어떻게 됐을지 모른다. 간발의 차이로 도도가 밖에 나갔다고 상상하자 아찔했다. 그날 이후로, 도도가 눈앞에서 사라지면 무서워서 몸이 떨렸다. 엄마는 이런 내가 답답했는지 뒤에서 한숨을 푹 쉬었다.

"너 근데 퇴근은 제대로 하고 온 거야?"
"아 맞다! 내 정신 좀 봐."

나는 컴퓨터를 끄려다 말고 뛰쳐나온 게 생각나 방으로 다시 돌아갔다. 제대로 컴퓨터가 꺼지는 것까지 확인한 뒤 부엌으로 돌아왔다. 그런데, 서랍이 깔끔하게 닫혀 있었다. 그사이 엄마는 통화하러 안방에 들어간 모양이었다. 뭐야… 도도는 어디 간 거지? 나는 도도가 들어갔던 서랍을 열었다가 다시 닫았다. 걸리는 게 없다. 휴대전화를 켜서 안을 비쳤다. 없다. 아무것도 없었다. 등골이 서늘해지는 느낌이었다. 도도를 잃어버렸던 날의 감정이 다시 울컥하고 올라왔다. 안방으로 달려가 노크도 없이 벌컥 문을 열었다.

"엄마!! 도도 못 봤어?!"
"앗, 깜짝이야!"

 갑자기 열린 문에 놀란 엄마가 어깨를 들썩이며 고개를 돌려 나를 바라봤다. 금방이라도 울 것 같은 내 표정을 본 엄마의 눈이 덩달아 동그랗게 커졌다. 엄마는 다음에 연락하겠다며 황급히 전화를 끊었다.

"왜그래? 무슨 일 있어?"
"엄마…. 도도가 없어졌어!"

"도도…? 서랍에 없어?"
"응… 없어. 엄마, 서랍 안쪽에 있는 구멍으로 나간 건 아니겠지?"

그때였다. 쿵!
우리는 둔탁하고 묵직한 게 떨어지는 소리가 들린 거실 베란다 쪽으로 달려갔다. 이럴 수가. 도도가 베란다 수납장 위에서 바닥으로 내려오고 있었다.

"언제 저 위로 올라간 거지?"

우리는 어안이 벙벙한 표정으로 도도를 쳐다봤고, 놀란 우리 마음 따위 알 리가 없는 도도는 몸을 길게 늘어뜨리더니 느긋하게 거실로 총총 걸어들어왔다. 나는 몸에 힘이 빠져 그 자리에 주저앉았다. 이내 머리가 지끈거리기 시작했다.

"괜히 걱정했네. 도도가 숨는 건 도망가려는 게 아니라 푹 쉬려고 그런다는 거, 너도 알고 있잖아. 그러니까 좀 더 마음의 여유를 가져봐. 도도가 없어지면 서랍 안에서 자는 모습을 상상해 봐."

"알았어…."

나는 방으로 들어가 침대에 누웠다. 도도는 언제 왔는지 책상에 배를 드러낸 채 누워 골골송을 불렀다. 생각해 보니 엄마 말이 맞았다. 도도는 그저 쉬려 했던 것뿐인데 내가 자꾸만 호들갑을 떠니까 더 피곤했을지도 모른다. 나는 눈을 살며시 감았다. 차라리 내가 도도를 서랍장 안에 넣어두었다고 상상하기로 했다. 도도의 쉼이 채워지면, 서랍장 문은 반드시 열릴 거라고 믿고서.

평소엔 막내 딸, 사고칠 땐 내 고양이

"2020년, OOO 연말 시상식을 시작합니다!"

밤 10시. 가족 모두가 거실에 옹기종기 모여 앉았다. 소파 양 끝에는 엄마, 아빠가 자리를 잡았고 언니와 내가 그 아래 카펫 위에 나란히 앉았다. 도도는 카펫 끝자락에서 식빵 자세로 앉았다. 지그시 눈을 감고 있지만 텔레비전에서 소리가 날 때마다 귀가 팔랑거렸다.

식의 시작을 알리는 가수들의 화려한 축하 무대가 끝나고 MC들의 차분한 진행이 시작되려던 찰나, 엄마가 안 되겠다며 주방으로 바삐 걸어갔다. 치지직 타닥! 가스레인지에 불이 붙는 소리가 들리더니 곧 짭짤하면서도 고소한 냄새가 거실까지 흘러왔다. 마른오징어 한 마리가 가스 불 위에서 노릇하게 구워지고 있었다. 나도 모르게 입안 가득 고인 침을 꿀꺽하고 삼켰다. 킁킁. 오징어가 구워지는 냄새는 도도에게도 유혹적인지 바쁘게 코를 씰룩거렸다. 두리번거리다가 냄새를 따라 곧바로 주방으로 총총 걸어갔다.

"엄마, 도도 간다!"

언니와 나는 도도에게서 시선을 떼지 못했다. 도도는 단숨에 불판 앞까지 뛰어 올랐지만, 다행히 오징어는 무사히 우리 앞으로 배달되었다. 카펫에 놓인 낮은 탁자 위로 먹기 좋게 구워진 오징어가 펼쳐졌다. 언니와 나, 그리고 엄마는 함께 상에 둘러앉아 아직 뜨거운 오징어를 호호 불며 북북 찢기 시작했다. 나랑 언니가 앉은 사이로 도도가 얼굴을 들이밀었다. 킁킁. 이번에는 얼굴 전체가 삐죽 나올 정도로 눈코입이 오징어로 향했다. 나는 도도를 살짝 밀어냈지만, 앞발에 힘을 잔뜩 주며 버텼다. 그걸 지켜보고 있던 나와 언니가 동시에 외쳤다.

"귀여워!"
"조금만 줘 볼까?"
"안돼! 입에서 꼬랑내 난단 말이야!"

도도의 귀여움에 넘어간 언니가 오징어 다리 한쪽을 도도에게 뻗으며 말했다. 나는 재빠르게 손으로 막았다. 언니의 표정이 잠시 샐쭉해졌다. 하지만 '뭐 어때'라며 어깨를 으쓱 올리더니 포기하지 않고, 계속해서 내 눈치를 살폈다. 하지만 쉽게 넘어갈 내가 아니다! 나는 언니를 보며 단호하게 고개를 저었다. 그때였다. 언니는 다리 하나를 자기 입으로 가져가 질겅질겅 씹더니 꽁다리를 떼어 도도 입에 넣었다.

"하지 말라고!"

나는 도도 입에 들어간 꽁다리를 잽싸게 빼낸 후, 언니를 무섭게 쏘아봤다. 날카로운 눈빛이 팽팽하게 부딪쳤다. 언니는 치사하게 내가 제일 싫어하는 말을 꺼냈다.

"도도가 네 거야?"
"어! 도도는 내 거야!"

언니 말에 울컥해 버린 나는 그대로 도도를 안고 방으로 들어갔다. 오징어를 먹을 절호의 기회를 뺏긴 도도는 나를 핀잔하듯 울었다. 야옹(뭐냐 이게)! 따뜻하고 폭신한 도도 가슴팍에 얼굴을 묻고 속상한 마음을 위로받으려 했지만, 도도는 앞발을 뻗어 있는 힘껏 내 얼굴을 밀어냈다. 마치 오징어를 주지 않는 집사 따위 필요 없다는 듯이. 거기서 끝나지 않고 뒷발로 내 배를 차며 뛰어올라 품에서 벗어났다. 폴짝. 방바닥에 안정적으로 안착한 도도는 나를 한 번 쳐다봤다.

야옹(오징어나 내놔). 도도의 싸늘한 눈빛에 눈가에 맺힌 눈물이 쏙 들어갔다. 그러든지 말든지 도도는 문에 코를 박고 울었다. 총총총. 문을 열어주자 도도는 뒤도 돌아보지 않고 엉덩이를 흔들며 빠르게 오징어 앞에 자리했다. 텔레비전에서는 한창 신인상 시상이 진행되고 있었다. 문 앞에 서 있는 내 인기척을 느낀 엄마가 언니의 어깨를 툭 치며 속삭였다.

"얼른 사과해."

여전히 가늘게 찢은 오징어 하나를 오물거리던 언니가 나를 흘긋 쳐다봤다. 어휴. 한숨을 푹 쉬더니 다리 한쪽을 내게 건넸다. 뻘쭘하게 서 있던 나는 언니가 건

넨 오징어 다리를 질겅거리며 다시 텔레비전 앞에 앉았다. 엄마가 고추장 그릇을 내 쪽으로 밀어주었다. 어느새 도도는 아까 먹지 못한 꽁다리로 축구를 했다. 카펫 밖으로 튕겨 나간 꽁다리는 부엌까지 미끄러졌다. 우다다다. 도도의 꼬리가 부풀더니 개구리처럼 팔짝 튀어 올랐다.

"어차피 안 먹네."
"먹일 뻔했잖아."

언니와 나의 2차전이 시작되려던 찰나, 보다 못한 아빠가 소파에서 내려와 웃음이 잔뜩 묻은 얼굴로 말했다.

"도도는 내 딸인데 왜 둘이 싸울까?"
"그러게 말이야. 평소에 화장실이나 잘 치워줘."

엄마는 아빠 말에 얼른 말을 보탰다. 언니와 나는 그제야 입을 꾹 닫았다. 우다다. 부엌까지 미끄러졌던 오징어 꽁다리가 다시 텔레비전 앞까지 튕겨져 왔다. 하지만 꽁다리를 쫓아 달려오던 도도가 삐끗하면서 오징어 꽁다리는 그대로 거실 선반 아래로 골인. 엉덩이를 한껏 들고 선반 아래로 최대한 깊숙이 앞발을 넣었지만 소용없었다. 꽁다리를 꺼내는 데 실패한 도도는 몸을 일으켜 앉더니 바닥에 꼬리를 신경질적으로 내리쳤다.

"도도는 누구 닮아서 저렇게 성격이 까칠할까?"
"너 아냐?"

내 물음에 언니는 1초도 망설이지 않고 답했다. 엄마도 '맞지'라며 고개를 끄덕였다.

"도도는 엄마 딸이라며?"
"그렇지! 하지만 도도 보호자는 너잖아."
"그러고 보면 다 자기 역할이 있는 거 아니겠어?"
"그래. 아빠는 물질적으로 도와주고, 엄마는 보살피는 걸 돕고."

"그럼, 언니 역할은 뭔데?"
"재밌는 언니?! 너 바쁠 때 내가 맨날 놀아주잖아."

 잠깐 고민하던 언니가 해맑게 답했다. 어딘지 마음에 들지 않는데 딱히 부정할 말이 생각나지 않았다. 언니는 "맞지?"라고 재차 물으며 굉장히 뿌듯해했다. 마지막 남은 오징어 몸통 쪼가리를 집어 들다가 문득 궁금해졌다.

"그런데 왜 나는 보호자야?"
"네가 데려오기로 했으니까 당연히 너에게 책임이 있는 거지."
"그래. 보호자는 책임지는 사람이야."

 잠깐의 적막을 깬 건, 엄마가 아닌 아빠였다. 그리고 마치 자기가 하려던 말이었던 것처럼 엄마가 아빠의 말에 힘을 실었다. 팍! 거실장 위에 있던 장식품이 바닥으로 나뒹굴었다. 도도 짓이었다. 언니가 내 옆구리를 찔렀다.

"빨리 해결해. 네가 책임자잖아."

"아 진짜!"

 눈에 잔뜩 힘주어 언니를 노려봤지만, 어쩔 도리가 없었다. 씩씩거리면서 자리에서 일어나 사건 현장(!)으로 갔다. 도도 이마를 콩하고 살짝 때린 후 떨어진 장식품을 다시 정리했다. 후우. 한숨을 푹 쉬며 거실장 밑에 들어간 오징어 꽁다리를 꺼내기 위해 바닥에 납작 엎드렸다. 어깨 끝까지 밀어 넣어 바닥을 더듬었다.
 오래된 먼지들이 팔에 스쳤다. 으으. 온몸의 털이 서는 것 같았다. 거실장 위에서 나를 내려보는 도도의 표정은 조금도 미안해 보이지 않았다. 생각보다 깊숙한 곳에 자리한 꽁다리가 손끝에 닿을락 말락 했다. 손바닥에서 땀이 나기 시작했다.

 냥(빨리 꺼내달라옹)! 도도는 답답했는지 나를 발로 툭툭 건드렸다. 넓지 않은 공간을 여러 차례 더듬어 훑은 끝에 꽁다리가 손에 잡혔다. 끈적한 손바닥이 찝찝해서 꽁다리를 꺼내자마자 바로 쓰레기통에 던져버렸다. 나를 따라오던 도도는 꽁다리가 쓰레기통으로 들어가자, 눈이 똥그래졌다. 배신감 가득한 눈빛이었다. 대신 부엌으로 가 츄르 하나를 꺼내 앉았다. 도도를 불러 츄르를 내밀었다. 챱챱. 맛있는지 도도의 눈이 점점 더 커졌다. 오징어 꽁다리 따위 잊은 듯 했다.

  음냥 음냥 음냥(맛있다옹).

  쩝쩝대다 못해 괴걸스레(!) 츄르를 맛보는 도도였다. 분명 방금까지 도도 때문에 짜증 났는데 막상 도도가 만족하는 듯한 표정을 보니까 마음이 사르르 녹는 것 같다. 매일 귀찮고 가끔은 짜증 나게 해도 결국 고양이는 사랑스럽다. 이 존재를 기꺼이 책임지겠노라 다짐해 본다.

집사의 편지 2
: 21년 1월 10일, 도도와의 1주년

  도도야, 기억하니? 1년 전, 우리 집에 와서 뻔뻔하게 눌러앉았던 날 말이야. 그때는 몰랐지. 도도가 이렇게 말썽꾸러기에, 도도한 고양인지 말이야! 처음에는 정말 속았다고 생각했어. 맨날 당당하게 사고 치는 너를 보면서 '고양이는 왜 이렇게 싹수가 없어?'라는 말을 달고 살았는데 어느새 너도나도 '함께 사는 것'이 뭔지 자연스럽게 배우게 된 것 같아.

  너의 병원비 때문에 적금을 깨야 했을 때, 맘대로 아무 때나 여행을 가지도 못할 때는 솔직히 억울했거든? 그런데 그로 인해 네가 행복한 걸 보니, 내가 아닌 남을 위한 희생도 큰 행복이 될 수 있다는 걸 느꼈어. 이제는 1+1처럼 추가로 생기는 내 삶의 행운도 혼자 다 가지려 하지 않고 너와 함께 나누려고 노력해(내 노력이 느껴지니?). 갑작스럽게 내 삶에 찾아오는 보너스와 연휴를 나눌 존재가 되어줘서 고마워! 앞으로 싸우지 말고 잘 지내자.

3장

인생은 고양이처럼

흰 양말 신은 고양이

"여러분, 원하는 그림 앞에 자유롭게 앉아주세요."

좁은 계단을 따라 지하로 내려가자 마치 공사 현장같이 투박한 공간이 나왔다. 벽을 따라 이젤들이 줄서듯 나란히 놓여 있었고 그 위에는 각기 다르게 스케치한 그림들이 있었다. 사람들 사이에 섞여 요리조리 둘러보다가 맨 안쪽에서 고양이 그림을 발견했다. '이거다!' 혹여 다른 사람이 먼저 채갈까 봐 서둘러 사람들 틈을 비집고 그림 앞에 앉았다. 원데이 클래스를 연 카페 사장님이 상냥한 목소리로 설명을 이어갔다.

"캔버스에 그려진 밑그림에 색칠하다가, 어려운 부분이 있으면 불러주세요. 도와드릴게요."

내 옆자리에는 노을 지는 도시 풍경 그림이 놓여 있었고, 그 앞에 긴 웨이브 머리의 여성이 앉았다. 시원한 우드 향이 훅 넘어왔다. 나도 모르게 힐끔 쳐다봤다. 어딘가 캔버스 위에 놓인 노을 풍경 그림과 잘 어울리는 것 같았다. 옆자리에 앉은 여자가 먼저 팔레트에 물감 색을 섞어 짜기 시작했다. 스윽스윽. 그녀는 큰 붓을 골라 거침없이 배경부터 칠했다. 와아. 그녀의 붓질을 훔쳐보다가 나도 모르게 감탄사가 흘러나왔다. 순간 그녀와 눈이 마주쳤고, 머쓱해진 내가 먼저 웃으며 말을 건넸다.

"평소에 그림을 자주 그리시나 봐요."
"아, 저 미술 전공했어요. 지금은 전혀 다른 일을 하지만요."

그림을 칠하던 그녀의 시선이 내 그림에 닿는 게 느껴졌다. 내 그림에는 새끼 고양이 세 마리가 상자 속에서 서로의 몸을 감싼 채 누워 있었다. 그림 속 고양이들은 모두 도도처럼 노란 고양이였지만, 무늬가 조금씩 달랐다. 나는 아직 고양이가 담긴 상자만 소심하게 칠하고 있던 중이라, 그림에 닿는 시선이 조금 부끄럽게 느껴졌다.

"혹시 고양이 키우세요?"
"어! 맞아요! 어떻게 아셨어요?"
"저도 집사거든요! 저는 턱시도 고양이 키워요."

그녀는 잠시 붓을 내려놓더니 주머니에서 휴대전화를 꺼내 사진을 찾아 내밀었다. 사진 속에는 진짜 턱시도를 입은 듯한 무늬를 가진 귀여운 고양이 한 마리가 얌전히 앉아 있었다. 나의 시선이 머문 건 고양이의 하얀 네 발이었다. 마치 흰 양말을 반듯하게 신은 것처럼 보였다. 어느새 나도 휴대전화를 꺼내 도도 사진을 찾았다.

"우리 집 고양이도 흰 양말 신었어요!"
"어머! 귀여운 치즈네요!"

그녀는 머리를 뒤로 쓸어 넘기며 생긋 웃어 보였다. 살짝 나에게 더 기울자 시원한 향이 더욱 진해졌다. 우리의 고양이 자랑이 한동안 지속된 후에야 다시 붓을 들었다. 나는 짙은 노란색을 팔레트에 짜서 붓에 묻혔다. 이제 세 마리 고양이의 무늬를 결정할 시간이었다. 적막은 오래가지 않았다. 그녀가 슥슥 붓칠 소리를 깨고 말을 건넸다.

"혹시 고양이가 어떻게 흰 양말을 신는지 아세요?"
"글쎄요…? 흰색 잉크에 푹 담근 거 아닌가요?"
"고양이 신이 고양이 무늬를 결정할 때 위에서 잉크를 떨어트린대요. 그런데 가끔 잉크가 부족할 때가 있나봐요. 그래서 잉크가 부족했던 아이들이 흰 양말을 신고 태어나는 거래요. 너무 귀엽지 않나요?"

우리는 마치 수업 중에 선생님 몰래 떠드는 학생들처럼, 키득거리며 아무도 모르는 비밀이라도 나누듯 소리를 낮춰 대화를 나눴다. 그녀의 이야기를 듣고 다시 그림을 보니, 내 그림에도 잉크를 '톡'하고 떨어트려 자연스럽게 무늬가 생기게 하면 좋겠다는 생각이 들었다. 사진 속 가운데 고양이는 도도처럼 가슴과 배, 발을 제외하고 노란색 털이 빽빽했고 양옆의 고양이들은 노란색 털이 그리 촘촘하지 못했다. 마치 가운데 고양이가 잉크를 다 빼앗은 것 같았다. 사진을 보다가 옆자리 여자에게 같은 배에서 나온 형제들끼리는 하나의 잉크로 만들어졌을지, 아니면 각각의 잉크로 만들어졌다고 생각하는지 물었다. 그녀는 칠하던 것을 멈추고 뒤로 살짝 등을 기울였다. 까딱까딱. 그녀가 손에 든 붓을 위아래로, 규칙적으로 흔들었다. 뭐라고 답할지 생각하는 듯 보였다. 그러다 갑자기 뭔가 생각난 듯 가방에서 엽서 한 장을 꺼내서 보여줬다.

"그냥 제 생각이지만, 잉크는 하나였을 것 같아요."
"어머 귀여워라!"

그녀가 가방에서 꺼내온 엽서에는 데칼코마니처럼 노란 하트 무늬를 반씩 나눠 가진 새끼 고양이 그림이 그려져 있었다. 그녀는 엽서를 흐뭇하게 바라보며 말을 이어갔다.

"가끔 이런 무늬를 가진 고양이들을 보면 누가 봐도 한 배에서 나온 것 같지 않나요?"
"그러네요. 엄청 귀여워요. 저, 세 마리 고양이를 어떤 색으로 칠할지 방금 떠올랐어요!"

엽서에 그려진 그림을 보니 얼른 그림을 완성하고

싫어졌다. 그녀는 마저 칠하라며 엽서를 다시 집어넣고 자리에 앉았다. 나는 가느다란 붓에 흰색과 주황색을 약간 섞어 옅은 베이지 색을 만들어 가운데서부터 바깥쪽으로 갈수록 색이 옅어지게 칠해나갔다. 그리고 세 마리 모두 흰 양말을 신겨줬다. 그다음 더 얇은 붓으로 갈색을 조금 더 섞어 진한 색을 만들었다. 옅은 선을 넣어주고 싶은데 생각이 잘 나지 않아서 도도 사진을 보며 하나하나 무늬를 만들었다.

어설프지만, 그림 하나가 완성되었다. 자리에서 일어나 허리에 손을 받치고 긴장했던 몸을 쭉 폈다. 그녀도 얼추 마무리되었는지 사용하던 붓을 물통에 넣어 휘저었다. 그녀가 칠한 노을은 아주 쨍하고 선명했다. 그림에서 눈을 떼지 못하고 감탄하고 있는데 그녀가 먼저 내 그림을 칭찬했다.

"귀여운 치즈 세 마리네요! 색깔이 너무 예쁜데요?"
"아, 감사합니다. 우리 집 고양이처럼 흰 양말을 꼭

신겨주고 싶었어요."
"근데 그거 아세요? 처음 고양이가 만들어졌을 땐, 흰 양말을 신지 않았대요. 돌연변이로 흰 양말 신은 고양이가 나온 거죠."
"어머 정말요? 고양이는 양말이 매력인데!"

그녀는 고양이 학자처럼 내가 모르는 사실들을 많이 알고 있었다. 그녀의 이야기를 들으며 집에서 흰 양말을 매일 그루밍하는 도도를 떠올렸다. 우리는 각자 완성한 그림을 봉지에 넣고 자리를 정리하며 대화를 이어 나갔다.

"어, 근데 요즘 흰 양말 신은 고양이가 많지 않나요?"
"맞아요. 인간이 처음 고양이를 선택할 때 흰 양말 신은 아이들만 데려갔다는 이야기가 있어요. 흰 양말을 신어야 어디서든 잘 보이니까요! 뭐, 귀여워서 그랬을 수도 있고요! 어쨌든 지금은 흰 양말 신은 고양이들이 사람들의 사랑을 독차지하게 됐죠."
"뭔가 그럴듯해요! 그러고 보니, 고양이가 요물이라는 말이 맞는 것 같아요! 마음을 사로잡는 게 뭔지 본능적으로 아는 것 같거든요!!"

우리는 건물을 빠져나와 한적한 동네를 걸었다. 시원한 바람을 타고 맛있는 냄새가 코끝에 스쳤다. 그녀는 약속이 있다며 머리를 살짝 숙여 인사했다. 나도 고개 숙여 인사하고 돌아서는데, 골목에서 고양이 울음소리가 들렸다. 골목 상가 1층에 있는 작은 카페 앞에서 흰 양말을 신은 턱시도 무늬 고양이가 신사처럼 꼿꼿하게 앉아 나를 보고 있었다.

나도 모르게 이끌리듯 걸음을 옮겨 거리를 좁혔다. 도도보다 짙은 노란 눈동자가 마치 밤하늘에 뜬 초승달 같았다. 휘이익. 어디선가 바람이 깊게 불어와 우리 사이를 훑고 지나갔다. 문득 길고양이치고 너무도 깨끗한 흰 양말이 신기했다.

마치 매일 새 양말로 갈아신는 것처럼, 얼룩 하나 없었다. 어쩌면 고양이들은 인간이 잠드는 동안 양말을 갈아신을지도 모른다. 야옹- 고양이는 나에게 다시 말을 걸었다. 할짝. 흰 양말을 핥았다. 요놈 봐라, 어느새 나도 모르게 가방에 넣어둔 비상용 츄르를 찾고 있었다. 고양이는 요물이 확실하다.

고양이 페르소나

 도도는 다른 고양이에 비해 체구가 작다. 성묘는 보통 5-6kg 정도가 적당하다고 알려져 있으나, 도도는 4kg을 겨우 넘을 뿐이다. 그런데 체구에 비해서 하는 행동과 판단력은 꽤 뛰어나다. 특히, 상황에 따라 행동뿐 아니라 목소리와 표정도 바꿀 줄 안다. 난 그것을 도도의 '페르소나'라 부르고 있다. 도도에게는 네 가지 페르소나가 있다.

 첫 번째는 '막내' 페르소나다.
 도도는 우리 집 막내다. 그리고 도도 또한 그걸 본능적으로 알고 있다. 사람으로 치면, 한 가정의 가장이 되었어도 자기 원가족과 모이면 여전히 막내임이 변함없듯, 도도가 '막내'라는 정체성도 그렇다. 자고로, 막내라 하면 떼를 쓰고 미운 짓을 해도 좋은 것을 챙기고 어떤 행동도 사랑스럽게 보일 것이라는 걸 도도 역시 알고 있는 게 틀림없다. 특히 도도의 '막내' 페르소나는 문 앞에서 자주 발동한다.

도도의 주 활동 영역인 집사의 방은 항상 닫혀 있다. 도도에게는 쉼의 공간이지만, 나에게는 작업 공간이기 때문이다. 하지만 도도에게 그건 중요하지 않다. 그래서 잠시 순찰하고 왔는데 문이 닫혀 있으면 기분 나빠 한다(자기가 방의 주인인 줄 아는 것 같다). 그래서인지 처음에는 점프해서라도 문을 거칠게 열고 들어왔다. 하지만 어느 순간부터 도도는 세상에서 가장 슬픈 목소리로 울어서 내 마음이 미어지게 했다. 마치 살려달라는 신호처럼 처량한 울음을 들으면 나도 모르게 문을 벌컥 열어주게 된다. 그 후로 도도는 자연스럽게 초인종을 누르듯 문 앞에 서서 '막내' 페르소나를 꺼내 울어 재낀다. 으냐(문 열라옹)-

두 번째는 '프로 선 지킴이' 페르소나다.

고양이는 본디 맹수과 육식동물이다. 아무리 평생 인간과 함께 살았어도, 그리고 다른 고양이와 교류가 별로 없었다 해도 태생을 바꿀 수는 없다. 도도는 평소에는 아무 데나 늘어져서 배를 까고 자다가도 자신의 체면이 구겨지는 일이 일어나면 참지 않는다.

이를테면, 축 늘어진 뱃살을 슬쩍 만지면 바로 솜방망이를 날려 야단을 친다. 퍽! 그러고는 자신보다 한참 키가 큰 인간을 올려다보며 외친다. 까불지 말라고 경고하듯 가장 굵고 짧게. 그 대상이 아무리 자신을 먹여 살리는 집사라 해도 예외는 없다. 인간들의 손길을 즐기다가도 한계치를 넘었다고 판단하면 바로 엄하게 소리친다. 아주 엄격하다. 그래서 도도에게는 늘 '선'을 넘지 않으려 노력한다. 안타깝게도 보이지 않는 선이 아주 많으니, 고양이를 만질 때는 조심해야 한다.

세 번째 페르소나는 '수다쟁이'다.

도도는 말 많은 고양이다(치즈 태비는 대체로 수다쟁이로 알려져 있다). 지치지 않고 운다. 수많은 말의 대부분은 자신의 요구사항을 들으라는 것이다. 밤새 눅눅해진 사료가 마음에 들지 않을 때 사료통 앞에 가서 새 밥을 달라고, 야옹. 화장실을 제때 치워주지 않을 때, 모래를 신경질적으로 파다가 냄새난다고, 야옹. 그게 끝이 아니다. 정말로 간절히 할 말이 있을 때는 집사를 졸졸 쫓아다니며 반응할 때까지 괴롭힌다. 야옹, 야옹, 야옹(내 말 들어보라옹). 마치 심각한 일이 생긴 것처럼 눈을 동그랗게 뜨고 입을 야무지게 오므린 채 뚫어져라 쳐다보면서 말이다. 그러면 나도 모르게 도도를 보며 "왜, 무슨 일 있어?"라고 물어보게 된다. 진지하게 묻는 말에 돌아오는 대답은 대체로 "집사야, 내 수발 좀 들어라."이다. 이골이 나서 도망 다니면 끝까지 쫓아온다. 귀신보다 무섭다. 그래서 결국, 알면서도 또 가만히 듣고 있다.

네 번째 페르소나는, '운동가'다.

도도는 차별당하는 걸 좋아하지 않는다. 자신이 고양이인 줄 알면서도 사람과 동일한 대접을 받고 싶어 한다. 특히, 자기가 가장 좋아하는 닭고기를, 자기만 빼고 먹을 때 목소리를 낸다. 방에서 자다가도 닭고기 냄새를 맡으면 어느새 눈앞에까지 다가와 있다. 코를 씰룩거리기도 하고 솜방망이도 한 번 휘저어보면서 '나도 달라'며 적극 어필한다. 신기하게도 이때는 최대한 예의를 갖춘다. 닭고기가 집사 손에 들린 걸 알기 때문일까. 탁자에서 한 발짝 정도 거리를 두고 궁둥이를 붙이고 앉는다. 집사 눈을 똑바로 바라보며, 자신이 얼마나 공손한지 보라는 듯. 그래도 끝까지 주지 않으면 옆에 있는 화장실로 들어가 먼지바람을 일으키니 주의

해야 한다.

  도도의 페르소나는 갈수록 종류도, 드러내는 상황도 다양해지고 있다. 그건 도도가 점점 영리한 고양이가 되고 있다는 방증이 아닐까. 도도가 페르소나를 바꿔 사용하는 방법은 생각보다 치밀하다. 특정한 상황에서 다양하게 소리를 바꿔보고 반응이 좋았던 것을 기억해 두었다가 그와 비슷한 상황이 또 오면 사용한다. 그렇게 원하는 것을 얻어낸다.

  나도 가끔, 도도의 페르소나를 갖고 싶을 때가 있다. 무시당했을 때 그게 누구든 눈치 보지 않고 도도처럼 자기 권리를 주장하고 싶다고 생각한 적이 있다. 이런 상황을 만나면 도도처럼 용기를 내고 싶다. 습관적으로 약속에 늦는 지인이 있었다. 그가 자주 늦는 것에 대해 내가 별말을 하지 않았더니, 나에게 "지혜 씨는 늦는 거 별로 개의치 않지?"라고 말했다. 사과할 생각은 해본 적도 없어 보였다. 요즘은 '팔뚝만큼 조그마한 고양이 한 마리도 자기주장을 하는데 나라고 못할까?'라는 생각을 하곤 한다. 도도에게 진지하게 한 수 배워 봐야겠다.

하루치 사랑이 필요해

 저녁 11시 40분. 타닥타다다닥. 고요한 방 안에는 타자 소리만이 나즈막이 울려 퍼졌다. 눈꺼풀이 무겁게 내려앉았다. 꾸벅꾸벅. 한 번 스민 졸음은 이윽고 고개를 서서히 떨어뜨렸다. 키보드에 놓인 손가락 위로 머리가 내려앉기 직전, 퍽!

 "깜짝이야!"

 도도가 책상 위로 올라오면서 내 손을 밟았다. 주홍색 젤리에 눌린 내 손가락은 의지와 관계없이 이상한 글자들을 써 내려갔다. 손을 빼려 하자 이번에는 큼지막한 엉덩이가 그 위를 눌렀다. 도도는 나를 향해 '야옹' 울더니 이내 내 얼굴에 박치기를 했다. 한 번도 아니고, 세 번씩이나!

"아잇 그만해. 퉤퉤."

얼굴에 고르게 펴 바른 수분 크림 위로 도도의 털들이 달라붙었다. 털을 떼어내면서 도도를 밀어냈다. 하지만 오늘따라 도도가 완강하게 버텼다. 냐아(심심하다옹). 심지어 휘젓는 내 손을 깨물려고 하는 게 아닌가!

"도도야 오늘만 봐줘. 월말이잖아."

도도를 들어 올려 침대 위로 던지다시피 내려놨다. 폴짝. 침대 위에 옮겨진 후에도 도도는 여전히 징징댔다. 야옹, 야옹(내 말 안들리냐옹). 그런 도도를 외면하기 위해 이어폰을 끼고 노래를 크게 틀면서 한쪽에 세워둔 시계를 쳐다봤다. 월말 보고서를 마감까지 제출하려면 아슬아슬했다. 도도에 의해 적힌 알 수 없는 글자들을 지웠다. 이상한 배합들이 꼭 고양이 외계어 같았다. 도도는 침대 위에서 아까보다 더 큰 목소리로 울었다. 그 소리가 얼마나 큰지 이어폰을 뚫고 귀에 박혔다. 집중력이 다시 흐트러졌다. 찰싹. 볼을 살짝 때리며 고개를 좌우로 흔들었다. 폴짝! 도도가 또다시 책상 위로 올라왔다.

야옹(실타옹). 오늘따라 말대꾸가 심했다. 대체 누가 고양이가 외로움을 타지 않는다고 말한 걸까? 고양이는 사랑 협박범이 분명했다. 그도 그럴 게, 마치 맡겨 놓은 하루치 사랑이 있는 것처럼 굴었다. 분홍색보다는 주홍색에 가까운 도도 발바닥 젤리에 도장 찍듯 엄지손가락을 꾹 눌렀다.

"내가 졌다. 조금만 기다려. 다 하고 놀아줄게."

냐아(너무하다옹). 매월 말일마다 나는 도도와 이런 실랑이를 벌이고 있다. 도도는 신경질적이게 꼬리로 책상 위를 탁탁 쳤지만, 넘어가면 큰일 난다. 난 완강하게 도도를 모니터 쪽으로 밀어 넣고 다시 보고서 작성에 집중했다.

우다다다다! 퍽!

도도는 전속력으로 낚싯대에 달린 털북숭이 참새에게 몸을 날렸다. 책상에서 수납장까지 크게 점프했다. 냐앙(잡았다옹)! 참새를 낚아채고는 고개와 등을 빳빳하게 세워 당당한 포즈를 취했다.

"도도야, 조금만 쉿!"

자정이었다. 늦은 시간에 다른 누구라도 깰까 조심스러웠다. 간당간당하게 보고서를 완성한 나는, 노트북을 덮자마자 장난감을 흔들고 있다. 딸랑. 참새 인형 목에 달린 방울 소리에 도도는 귀를 쫑긋 세우고 곧바로 달려왔다. 좁은 방에서 참새 인형을 휙휙 소리 나도록 크게 휘저었다. 신이 난 도도는 눈을 땡그랗게 뜨고 엉덩이를 좌우로 흔들며 자세를 낮췄다. 부릉부릉. 사냥 전 시동 거는 자세다. 챱! 참새를 다섯 번 정도 잡고 나자, 책상에 자리를 잡고 뒷발을 쭉 펴더니 느긋하게 그루밍을 했다.

"만족해, 도도야?"

핥핥. 도도의 그루밍은 다리에서 등으로 이어졌다. 초조해하던 아까 모습은 온데간데없었다. 냐옹(충분하다옹). 도도는 미련 없이 놀이의 종료를 알렸다. 나는 큰 소리가 나지 않게 조심스럽게 캔 간식을 그릇에 덜어 방으로 다시 돌아왔다. 한 달에 한 번, 고생했다는 의미로 캔 간식을 하나 주는데 이는 우리의 암묵적인 룰이었다. 챱챱. 도도는 눈까지 감고 맛있는 보상을 즐겼다.

"좋겠다. 도도는."

캔 간식까지 다 먹고 이제 정말 만족했는지 더 이상 나에게 말을 걸지 않았다. 이럴 때 도도는 꼭 충전 완료된 베터리처럼 더 이상의 애정은 튕겨냈다. 도도는 누구의 방해도 받지 않게 높은 책장 꼭대기로 올라가서 자리를 잡고 누웠다. 잘 준비를 하려는 거다. 양쪽 귀끝만 겨우 살짝 보였다. 하암. 나도 그제야 하품이 몰려왔다. 도도의 장난감을 베란다에 정리하고 불을 끄고 침대에 누웠다. 똑딱똑딱. 시계 소리가 방 안을 채웠다. 아무리 뒤척여도 잠이 오지 않았다. 졸린데 마음이 허기진 기분이었다. 놓친 게 있었나…?

결국, 옆에 놓여있던 휴대전화를 들었다. 톡톡. 화면을 터치하자 밝은 빛이 선명하게 퍼졌다. 살짝 실눈을 뜬 채로 캘린더를 열었다. 빽빽한 스케줄을 대충 훑어보고는 이내 유튜브를 열어 생각 없이 릴스를 봤다. 자동으로 넘어가는 영상을 멍하게 보는데, 모든 게 재미없게 느껴졌다. 다시 휴대전화를 끄고 천장을 바라본 채 누웠다. 멀뚱멀뚱.

"월말에 하고 싶은 게 있었던 것 같은데…."

높은 책장 위에서 희미하게 골골송이 들려왔다. 아주 서서히 눈이 감겼다. 순간 머릿속에서 떠오른 것을 놓치지 않으려고 나는 옆에 있던 휴대전화를 다시 켜서 SNS에 접속했다. 저장해둔 게시물을 찾아 스크롤을 계속해서 내렸다. 어디 있더라…. 분명 화려한 조명과 노래가 웅장하던 뮤지컬 예고편을 담아놨던 것 같은데…. 내 기억대로라면 이번 주가 마지막 공연이었다. 끔뻑끔뻑. 눈꺼풀이 무겁다. 아… 뮤지컬 이름이 뭐였더라… 예매해야 하는데….

고양이는 '야옹'하고 울지 않는다

 전시장은 입구부터 사람들로 북적였다. 야옹. 어디선가 들리는 고양이 울음소리가 공간 전체에 울려 퍼졌다. 오른쪽 벽면을 차지한 스크린에는 거대한 고양이가 얼굴을 내밀며 혀를 할짝거렸다. 그 표정은 마치 당장이라도 사냥감을 잡으러 튀어 나갈 것처럼 근엄했다. 엄마는 나의 어깨를 톡톡 건드리며 저 멀리 어딘가를 가리켰다.

"지혜야, 저기 봐봐. 큰 고양이 모형 있다."

 엄마는 내가 가자고 해서 끌려왔지만, 가자고 한 나보다 들떠 보였다. 우리는 대기 줄을 따라 천천히 앞으로 이동했다. 덕분에 작은 글자로 적힌 설명까지 꼼꼼히 읽어볼 수 있었다. 큰 원판 위에 그려진 고양이 생애주기 표를 돌돌 돌려서 도도 나이에 맞게 4살로 바꿔봤다. 그러자 집 고양이일 때는 32세, 길고양이로는 40세가 나왔다.

"엄마 이것 봐. 도도, 나랑 동갑이야!"
"어머 그러네. 막내인 줄 알았더니 아니었네!"

찰칵. 나는 보고 있던 장면을 휴대전화로 사진찍고 메신저로 공유하면서 도도가 자신에게 주어진 묘생을 우리 집에서, 나와 함께 아낌없이 살다 갔으면 좋겠다고 생각했다. 어느새 조금 앞서 걷는 엄마를 뒤로하고, 한쪽 구석에 있는 '고양이 감정 카드 존'에서 발걸음이 멈춰버렸다. 엄마와 나오기 전까지 침대 속에서 웅크리고 자고 있던 도도가 떠올랐다. 진열대 위에는 여러 개의 감정 카드가 놓여있었다. 끌리는 대로 슬픔 카드를 집어 들었다. 손바닥만 한 원목 카드는 생각보다 묵직했다. 알고 보니 모두 크기가 같아도 감정에 따라 무게가 달랐다. 슬픔 카드를 뒤집자 긴 문장이 나왔다.

찰나의 순간도 방심할 수 없는 야생에서 슬픔은 사치다. 단, 생존이 보장된다면 고양이도 마음껏 슬퍼할 마음의 여유가 생긴다. 집고양이를 살게 하는 건, 하루치 식량이 아닌 하루치 사랑이기 때문이다.

 하루치 사랑…. 어딘가 책임감이 무겁게 더해지는 듯했다. 이번에는 기쁨 카드를 집어 들었다. 기쁨 카드는 슬픔 카드보다 훨씬 가벼웠다. 덩달아 가벼워지는 마음으로 카드 뒷면을 확인했다. 그 문장도 아주 간결했다.

 당신이 퇴근 후 집에 들어가는 순간 고양이는 오늘 최고의 기쁨을 느낀다.

 다른 카드들은 보지 않아도 될 것 같아서 걸음을 옮겨 엄마에게로 향했다. 엄마는 '고양이 상식 사전'이라고 적힌 벽 앞에 있었다. 엄마는 '코'라는 키워드와 함께 적힌 문장을 가리키며 물었다.

"너 저거 알고 있었어?"
"뭔데?"

 고양이는 코에 지문이 있다. 코의 무늬가 모두 다르며 '비문'이라 한다. - 고양이 상식 사전 도도를 키우면서도 모르고 있던 내용이 꽤 많았다. 그리고 그 밑에 눈길을 끄는 키워드가 하나 더 있었다. '소리'라는 키워드 아래에는 이렇게 적혀있었다.

고양이는 인간과 소통하기 위해서 소리 언어를 개발했다.

"엄마, 고양이는 원래 소리가 아니라 냄새 언어를 쓴 대! 도도가 '야옹'거리는 건 우리 들으라고 하는 소리였어."
"그러면 우리한테 할 얘기가 많았던 건가? 난 고양이가 원래 그렇게 시끄러운 동물일지 몰랐어."
"고양이가 시끄러운 건 인간 때문이 아닐까? 인간은 소리 언어 말고는 별로 관심이 없잖아."
"그런가? 이제 사진 찍으러 가자! 저기 큰 고양이 앞에서 엄마가 사진 찍어줄게."

후드득. 전시장에서 빠져나와 고속도로로 접어들자마자 먹구름이 잔뜩 끼더니 비가 조금씩 떨어지기 시작했다. 도로를 빽빽하게 채운 차들 때문에 거북이가 기어가듯 했다. 한참을 가도 도로는 좀처럼 뚫릴 김새가 보이지 않았다. 나는 가방에서 이어폰을 꺼내 귀에 꽂고 노래를 들었다.

  서서히 쏟아지는 졸음에 고개를 떨구며 꾸벅꾸벅 졸다가 창문에 머리를 부딪치고서야 정신이 번쩍 들었다. 눈을 비비고 앞을 보자 여전히 고속도로 위였다. 엄마 옆에 놓인 파우치에는 까서 먹고 남은 사탕과 젤리 껍질이 산처럼 쌓여있었다. 엄마가 잠 깨려고 먹은 듯했다.

"엄마 졸리구나. 말하지…."
" 참을 만해."
"이래서 사람은 말을 안하면 몰라, 그치?"

  엄마는 나와 대화하며 조금은 잠이 달아났는지 아

까보다 눈에 생기가 돌았다. 생각해 보니 조금만 관심을 가지면 생각보다 쉽게 눈치챌 수 있는 것들이 많았다. 엄마가 굳이 말하지 않았어도 내가 먼저 행동을 잘 살폈다면, 이어폰을 끼는 대신 라디오를 틀고 더 맛있는 사탕을 골라줬을 것이다. 어제 새벽까지 안 자고 빽빽 울던 도도가 떠올랐다. 도도는 하루 종일 나에게 박치기를 하며 놀아주지 않는다고 온몸으로 불만을 표현했었는데… 놓쳤다. 나는 말없이 가장 신나는 노래가 나오는 채널로 라디오 주파수를 맞춘 뒤 집에 가면 장난감부터 들어야겠다는 생각했다. 기억해야지. 소통은 '언어'가 아니라 '관심'으로 하는 거란 걸.

미래 없는 오늘을 산다는 건

 7월의 제주는 일찍부터 뜨거웠다. 자갈돌이 깔린 흙바닥을 걸을 때마다 저벅저벅 소리가 났다. 앞서가는 언니 손에는 어디서 받았는지 모를 동그란 부채가 들려있었다. 딸랑. 카페 문을 열고 들어가자 시원한 바람이 목뒤의 솜털까지 와 닿았다. 자리부터 찾는 엄마의 나직한 목소리가 들렸지만, 이미 나의 시선은 카운터 위에 자리한 실제인지 모형인지 모를 하얀 고양이에게 꽂혀버렸다. 위이잉. 탁탁. 커피 내리는 소리와 함께 고소한 커피 향이 바람을 타고 퍼져 나갔다. 나는 카운터에서 음료를 주문한 후에도 자리를 뜨지 못하고 멀뚱하게 서 있다가, 사장님께 물었다.

 "진짜 고양이인 거죠?"
 "네. 눈으로만 봐주세요. 이름은 애리에요."

"애리…"

나는 애리라는 이름의 흰 고양이를 한참 바라보다 음료 석 잔을 들고 구석진 자리로 걸음을 옮겼다. 음료 한 모금을 막 들이켜고 있었는데 입구 쪽에 앉아 있던 사람들이 웅성거리기 시작했다. 뭐지? 고개를 돌려 사람들을 쳐다보자 일제히 바닥으로 시선이 고정되어 있었다.

"헐, 귀여워!"

마당에서 가게로 들어와 태연하게 총총 걸어가는 노란 고양이가 눈에 들어오자 언니가 소리를 질렀다. 그러더니 빠르게 카메라로 찰칵 사진을 찍었다. 양말을 신었네? 그 와중에 나는 노란 고양이에서 도도와 비슷한 부분을 찾고 있었다.

"여기에 고양이들이 많이 사나봐."

엄마는 내가 음료와 함께 받아온 명함에 그려진 고양이 세 마리 그림을 우리에게 보여줬다. 명함에는 흰색 고양이 애리와 노란 고양이 모모 그리고 삼색 고양이 코코가 있었다. 도도와 가장 닮은 고양이는 모모였다. 언니는 명함을 보자마자 자리에서 벌떡 일어나 나를 쳐다봤다.

"코코 찾으러 가자."

코코는 마당 구석의 우거진 풀숲에 있었지만 혼자가 아니었다. 꼬물거리는 새끼 고양이 세 마리에게 젖을 먹이고 있었다. 언니와 나는 혹여나 방해가 될까 봐 사진도 찍지 않고 멀찍이 떨어진 곳에 앉아서 쳐다볼 뿐이었다. 멀리서 미미하게 움직이는 실루엣이 보였다.

"헐 대박!! 여기 카페 내일 폐업한대!"
"뭐?"

언니는 카페 SNS에 들어갔다가 폐업 소식을 알리는 게시물을 본 모양이었다. 이것 보라며 내게도 보여줬다. 진짜였다. 그동안 고양이를 키운다는 이유로 여러 차례 민원을 받은 모양이었다. 결국, 폐업하기로 했다는 내용이었다. 그때였다. 부스럭. 코코가 풀숲에서 마당으로 나왔다. 총총. 잠시 숨을 돌리는 모양이었다.

"고양이들은 어디로 가지? 놓고 가시나…."
"바보야. 고양이 때문에 폐업하는 건데 데려가겠지."
"쟤들은 자기들의 미래를 모르겠지?"
"어떻게 알겠니. 어?! 사장님이 데려가는데 몇 마리 빼고는 입양시키실 건가 봐."
"그러면 곧 다 헤어지겠네."

언니는 뜨거운 햇볕 아래서 눈살을 찌푸렸다. 휴대전화를 뚫어져라 쳐다보다가 더 이상 못 참겠는지 이제 그만 들어가자며 자리에서 일어났다. 언니를 따라 카페 안으로 들어가면서 마당 한가운데 늘어져서 쉬고 있는 코코를 힐끔 쳐다봤다. 아마도 다시 보기는 힘들겠지?

쪼르륵. 음료를 거의 다 마셔갈 때쯤 나는 여전히 무거운 마음을 털어내듯 말했다.

"엄마는 만약 내일 나랑 이별한다면 어떨 것 같아?"
"이별? 죽는다는 소리야?"

 엄마는 놀란 듯 눈을 동그랗게 뜨고 날 쳐다봤다. 언니는 앞뒤 자르고 말하면 어떡하냐면서 우리가 본 게시물을 엄마한테도 보여줬다. 엄마는 그제야 어떤 경위로 묻는지 알겠다는 듯 고개를 끄덕이며 생각에 잠겼다.

"글쎄다. 다시 못 본다면 지금 이렇게 여유롭게 커피나 마시고 있지 못하겠지?"
"그래? 나는 그냥 어제와 같은 하루를 보낼 것 같아. 고양이들처럼 말이야."

 나는 입구 쪽에서 여유롭게 그루밍하는 모모를 가리

켰다. 그리고 그 옆에는 애리가 여전히 카운터 위에서 내일 일은 모른 채 자고 있었다.

"고양이한테 미래가 어딨어. 그냥 오늘을 사는 거지."
"근데 그건 몰라서 그런 거 아냐?"
"어차피 우리도 내일 일을 모르는데, 뭐."

언니는 카운터 한쪽에 마련된 굿즈 진열대로 향했다. 그러더니 양손 가득 굿즈를 사 들고 자리로 돌아왔다. 엄마는 쓸데없는 걸 챙겨왔다며 미간을 찌푸렸다. 애리, 모모, 코코 세 마리가 그려진 스티커와 메모지였다.

"하나 줄까?"

언니는 스티커 하나를 골라보라며 나에게 내밀었다. 이왕이면 세 마리 각각 하나씩 고르고 싶었다. 코코는 뒷발을 들고 그루밍하는 모습을, 애리는 지금처럼 동그랗게 말고 자는 모습을, 마지막으로 모모는 도도처럼 흰 양말을 가지런히 모으고 서 있는 모습을 골랐다. 잃어버리지 않으려고 가방 깊숙이 넣었다.

후드득. 예고 없던 비가 오기 시작했다. 모모는 입구 근처에서 식빵 자세로 창밖의 날씨를 감상하고 있었다. 예측할 수 없는 미래가 눈앞에 있다면 현재를 온전히 받아들이는 게 가장 현명하겠다. 점점 더 거세지는 빗줄기를 보며 내일 아침 돌아갈 길이 걱정됐지만 오늘 하루를 잘 보내는 것에 집중하기로 마음먹었다. 카페를 나서는 길에 모모의 엉덩이를 살짝 토닥여줬다. 어쩌면 우리가 미래를 예측할 수 없는 건 불행이 아니라 행운일지도 모른다.

집사의 편지 3
: 23년 7월 1일, 집사 백수 된 날

도도야, 오늘은 나에게 아주 중요한 날이야! 바로 집사의 신분이 바뀌는 날이거든! 나도 내가 이렇게 용감한 사람인지 몰랐어. 이게 다 너 때문이야. 책임을 떠맡기려는 건 아니고, 너와 함께하며 자주 그런 생각을 했거든. 밤늦게까지 일에 허덕이며 열심히 사는데 그 이유를 알 수 없는 거야. 근데 그럴 때마다 넌 주저 없이 하고 싶은 대로 사는 걸 보니까 좀 부러웠어.

'나도 저렇게 살고 싶은데?'라고 마음속으로 몇 번을 되뇌었는지 몰라. 너도 가끔 사냥하다가(사실은 자주) 엎어지고 넘어질 때가 많은데 아닌 척 하는 거 다 알아. '아무렴 어때'라는 표정으로 뻔뻔하게 다시 사냥하는 모습을 보면서 나도 용기를 내보고 싶었어. 그래서 '실패 좀 하면 어때'라는 마음으로 새로운 시작을 해볼까 해! 도도야. 너를 굶기지는 않을 테니, 걱정하지마!

4장

나의 보호자는 고양이입니다

백수의 방에도 해가 뜬다

야옹(일어나라옹).

아침 7시, 오늘도 어김없이 따끔한 모닝콜이 시작됐다. 도도는 침대 주변을 돌아다니며 '기상 알람' 같은 소리를 멈추지 않았다. 꾹꾹꾹. 그래도 내가 반응하지 않으면 내 팔을 지그시 눌렀다. 으으으. 그러면 나는 신음을 내며 눈을 떴다. 하아암. 입이 찢어질 듯 하품을 하며 이내 다시 몸을 돌려 도도를 피해 벽 쪽으로 붙었다. 냐아(게으른 집사)! 이번에는 도도가 베개를 벅벅 긁었다.

"도도야, 좀만 더 자자."

5년 만에 만끽하는 자유였다. 신나서 출퇴근 알람을 지운 지 일주일도 되지 않았다. 아직은 이 행복을 더 누리고 싶었지만, 며칠째 밥시간이 늦어졌더니 도도가 단단히 화가 난 모양이었다. 결국, 엉켜 붙은 머리를 긁으며 일어나 터덜터덜 거실로 걸어 나갔다. 도도의 배꼽시계는 어쩜 그리 정확한지! 밥과 물을 갈아주니 허겁지겁 먹기 시작했다.

"윽! 냄새!"

다시 방으로 가려던 발걸음을 멈추게 만든 건 고약한 화장실 냄새였다. 자연스럽게 코를 막고 화장실 뚜껑을 열어 맛동산과 감자*를 바가지에 펐다. 어느새 식사를 마친 도도는 빠른 걸음으로 다가왔다. 야옹(깨끗이 치우라옹). 요즘 일 때문에 바쁜 엄마가 없으니, 도도가 그 역할을 대신하는 것 같았다. 잔소리 폭격기가 따로 없다.

"알았어, 치우고 있잖아."

하지만, 도도의 용건은 이게 끝이 아니었다. 결국 닭

---

*맛동산과 감자 : 고양이의 대소변을 일컫는 말. 모래와 뭉쳐진 모습이 이와 유사하다고 해서 붙여진 이름.

가슴살까지 챙겨주고 나서야 다시 침대로 돌아갈 수 있었다. 하지만 막상 침대에 다시 누워도 잠이 오지 않았다. 호기롭게 글을 써보자며 시작한 백수 생활이 무너진 건 막막함 때문이었다. 메모장 앱에 들어가 그동안 차곡차곡 모아둔 아이디어들을 살펴봤다. 글을 써야 한다는 생각은 결국 침대에서 일어나 책상에 앉아 노트북을 켜게 했다. 덜컥. 굳게 닫아놓은 문을 열고 도도가 들어왔다.

타닥타닥. 안 써질 줄 알았는데, 정작 책상에 앉으니 글이 써지기 시작했다. 덕분에 2시간 동안 꼼짝하지 않고 글을 썼다. 모니터 앞에서 턱을 괴고 쳐다보는 모습이 도도한테 감시당하는 느낌이라, 덕분에 진도를 나갈 수 있었다. 야옹(부지런히 쓰라옹). 도도는 쫑알대면서도 내가 원고 작업을 하는 동안에는 화장실도 가지 않고 자리를 지켰다.

"도도야, 혹시 내가 너 굶길까 봐 걱정돼서 이래?"

야옹(글이나 쓰라옹). 도도는 책상에 망부석이라도 된 양 자리를 지키는 듯했지만, 배고픔은 이길 재간이 없었다. 도도의 배꼽시계 덕분에 알람이 필요 없었다.

덕분에 도도 밥을 챙기며 내 밥까지 챙겨 먹을 수 있었으니까. 비록 새 사료 타령에 실랑이가 있었지만, 원래 있던 밥을 사료통에 담았다 다시 주면서 새 밥인 척 속이는 노련함까지 생겼다. 귀엽게, 그걸 또 속는다. 그러니 나도 그의 투정을 받아주게 된다.

도도의 규칙적인 생활방식에 맞춰 무너진 나의 일상도 되찾아야겠다고 생각했다. 그래서 일과표를 만들려고 노트를 폈다. 아침잠이 없는 도도를 위해 기상 시간은 7시로 고정했다. 그리고 아침, 점심, 저녁 모두 도도의 배꼽시계에 맞추니 신기하게도 원래 밥 시간대와 비슷했다. 그리고 각자의 운동시간을 추가했다. 나는 점심 후 필라테스를, 도도는 저녁 후 사냥놀이를 하면 좋겠다. 고양이는 집에서도 야생 감각은 잃지 않으니까. 얼추 동그라미 안이 채워지자 뿌듯했다. 마지막으로 잠들기 전 저녁 10시 이후가 비어 있었다. 도도는 책상 위에서 어느 때보다 진지한 표정으로 펜의 움직임을 관찰했다. 몇 번, 펜을 향해 앞발을 뻗는 바람에 글씨가 삐뚤어지긴 했지만.

"도도야, 우리 잠들기 전에는 각자의 시간을 갖는 거 어때?"

냥(네가 나가라옹)!
 내 말을 진짜 알아듣기라도 한 것처럼 벌떡 일어나더니 박치기를 했다. 나는 일단 남은 공간에 '휴식'이라고만 적어뒀다. 완성한 일과표를 책상 위에 잘 보이도록 붙였다. 도도는 일과표를 뚫어지게 쳐다보더니 다시 책상에 앉아 식빵 자세를 취했다.

일과표는 생각보다 효과가 있었다. 한 달 동안 글 쓰는 습관이 자리 잡았으니까. 물론 여전히 들쑥날쑥한 집중력과 가끔 유난할 정도로 예민한 도도 때문에 하루 전체를 망치는 날도 있었다. 특히, 하루 종일 천둥·번개가 치는 날이면 도도는 기이한 소리를 내며 폴짝폴짝 뛰어다녔다. 그래도 안정적으로 일과를 계속 유지할 수 있었던 건, 도도의 배꼽시계와 감시(?) 덕분이었다. 난 도도를 글쓰기 메이트로 임명하고 이제 이건 우리의 일이라면서 도도에게 부담을 나눴다. 그리고 스럽게 손을 내밀어 강아지 머리를 쓰다듬으며 친구에게 물었다.

"얘는 이름이 뭐야? 말티즈인가?"
"말티푸야. 이름은 흰둥이."
"흰둥이? 그럼 넌 짱구야?"

친구는 지겹다는 표정을 짓더니 이내 주머니에서 휴대전화를 꺼내 케이스를 보여줬다. 짱구와 흰둥이가 사이좋게 서 있는 그림이었다. 뭐야, 귀엽네. 친구와 조금 더 걷기로 했다. 산책하러 갈까? 내 말을 알아들었는지 흰둥이가 자리에서 벌떡 일어나 발을 동동 굴렀다. 더위가 한풀 꺾인 덕분에 가끔 불어오는 바람도 선선하게 느껴졌다.

"흰둥이는 몇 살이야? 아직 체력 좋네."
"그치? 근데 벌써 8살이야."
"진짜? 완전 동안이네!"

친구는 자꾸만 흰둥이가 폴짝거리는 바람에 줄이 발에 꼬이자, 몇 번이고 뱅글뱅글 돌며 줄을 풀었다. 그

때마다 우리는 걸음을 멈춰 섰다. 우리 옆으로 달리기 하는 사람들이 빠르게 휙휙 지나갔다.

"흰둥이 완전 개구쟁이네."
"말도 마. 완전 사고뭉치야."
"우리 도도도."
"그래도 고양이는 얌전하지 않아?"
"나도 그런 줄 알았거든? 그런 건데 아니더라. 강아지만큼 쉽지 않아."

산책길 옆으로 긴 하천이 흐르고 있었다. 버릇처럼 나는 코를 킁킁거리며 숨을 크게 들이마셨다. 낮에 비가 내린 탓에 아직도 공기 중에 촉촉한 냄새가 남아있었다. 멍멍! 흰둥이가 지나가던 개를 보며 짖었다. 친구는 흰둥이를 자기 쪽으로 잡아끌더니 쪼그리고 앉은 자세로 흰둥이와 눈을 마주치며 그러지 말라고 경고했다. 마치 엄마가 아이 훈육을 하는 것 같았다.

"너 그러고 있으니까, 금쪽이 둔 학부모 같다."

나는 키득거리며 친구와 흰둥이의 모습을 사진으로

찍어서 보여줬다. 사진이 잘 나왔다며 친구는 바로 보내달라고 했다. 흰둥이는 어느새 풀숲에 코를 박고 킁킁거리며 자연을 누리고 있었다.

"좋겠다. 같이 산책할 수 있어서…."
"있지, 나는 가끔 상상하거든? 고양이가 개처럼 목줄 차고 산책하는 모습? 강아지랑 또 다르게 너무 귀여울 것 같더라."
"나도 그래. 특히 이렇게 날씨가 좋을 땐 나도 도도한테 자연을 만끽하게 해주고 싶거든."
"근데 너는 강아지랑 고양이 둘 다 키워봤잖아."
"응, 그렇지."
"그러면 특별히 더 좋은 쪽이 있어?"

친구는 내가 보내준 사진을 한참 쳐다보다가 조심스럽게 물었다. 그리고 다시 걸으며 나는 개의치 않는다는 듯 답했다.

"둘 다 좋아. 매력이 다르거든."
"어떻게 달라?"
"내가 어렸을 때 좋아하는 게 두 개 있었는데 말이

야. 하나는 롤러스케이트, 하나는 애착 인형이었어."
"에? 네가 롤러스케이트를 좋아했어? 의외네."

친구는 굼벵이처럼 걷는 나를 보며 롤러스케이트 타는 모습을 상상했는지 고개를 갸웃했다.

"나도 어렸을 때는 그런 거 꽤 즐겼어. 어쨌든 강아지는 밖에서 신나게 타는 롤러스케이트 같고, 고양이는 잘 때 안정감을 느끼게 해주는 애착 인형 같더라고."
"큭큭. 왠지 그럴싸하네. 나도 흰둥이랑 산책 신나게 하고 오면 스트레스가 풀리긴 해!"
"그런데 이제는 행복을 넘어서 내게 영감이 되고 있어."
"아 맞다. 너 요즘 글 쓴다고 했지? 도도 이야기인 거야?"
"응! 무언가를 깊이 좋아하면 그 존재 자체가 나에게 뮤즈가 되는 것 같아!"
"그래서 너한테 이렇게 주황색 아이템이 많은 거야?"

친구는 내 가방에 달린 주황색 귤 모양 열쇠고리를

가리켰다. 제주도 갔을 때 사 온 기념품이었다. 그러고 보니, 도도를 키우면서 내 주변에는 주황색들이 늘어났다. 게임을 해도 이왕이면 고양이 캐릭터를 고르고, 물건을 살 때에도 주황색이 끌렸다. 그리고 언제나 인터넷 아이디는 '도도한 냥아치'였으니까….

어느새 우리는 산책로 한 바퀴를 거의 다 돌고 처음 만났던 벤치를 향해 걷고 있었다. 사람들이 없는 한적한 길이 나오자, 친구는 흰둥이의 목줄을 좀 더 길게 늘어뜨렸다. 흰둥이는 오늘 산책이 만족스러웠는지보다 더 해맑게 꼬리를 살랑 흔들었다.

잠깐, 순찰 좀 돌겠습니다

어두운 밤만 되면 수상한 움직임이 포착된다. 부스럭부스럭. 도둑인가? 생각하기를 몇 번째. 더는 안 되겠다 싶어 큰 결심을 하고 휴대전화 플래시를 켜 거실을 살폈다. 그러다가 혹시 도도인가 싶어서 방에 다시 들어가 도도가 있어야 할 베란다에 플래시를 비췄다. 도도가 없다. 조금 마음이 놓였다. 다시 거실로 나가 조용히 도도의 흔적을 쫓았다. 대체 어딜 간 건지 쉽게 보이지 않았다. 그때 거실 쪽 베란다에서 수상한 소리가 났다.

"아씨, 무섭게…."

당연히 도도겠지 싶으면서도 혹시라도 다른 무언가면 어쩌지 싶어 진땀이 났다. 어둠이 집 안 깊숙이 자리 잡은 시간이라 그런지 눈앞에 놓인 물건의 형체도 제대로 보이지 않았다. 손으로 더듬어가며 조심스럽게 베란다 입구에 다다랐다. 부스럭부스럭. 소리는 베란다 맨 끝 창고 쪽에서 났다. 심장이 쿵쾅거렸다. 터벅터벅. 기다랗게 이어진 베란다 창고 쪽으로 갈수록 무언가 움직이는 소리가 가까워졌다. 후우. 심호흡을 한 번 하고 몸을 오른쪽 구석에 붙인 뒤 문 한쪽을 조심스럽게 열었다. 우다다다!

"아아아악!!"

문을 열자마자 무언가 툭 튀어나온 바람에 나는 괴성을 지르며 뒤로 나자빠졌다. 휘익! 어둠 속에서 뭔가가 사라졌다. 도도라 하기엔 꽤 거대한 그림자가 눈앞을 지나갔다. 에이, 설마… 손바닥이 식은땀으로 축축해지는 게 느껴졌다. 도망치듯 베란다를 빠져나와 안방으로 달려갔다. 쿵쿵.

"엄마 아빠! 일어나봐!"

잠시도 기다리지 못하고 벌컥 문을 열었다. 비몽사

몽인 눈으로 나를 쳐다보는 두 사람의 실루엣이 보였다. 늦은 밤에 달려온 내가 걱정된 엄마는 빠르게 몸을 일으켜 내가 괜찮은지 요리조리 살폈다. 자초지종을 설명하니 아빠가 두꺼운 성경책을 집어 들고 앞장서 거실로 향했다. 탁! 불을 켜 환해진 집안은 민망할 만큼 조용했다. 나는 아빠와 엄마 뒤에 숨어서 빼꼼 고개만 내밀어 상황을 살폈다.

"도도야~"

엄마는 도도를 부르며 부엌 쪽으로 향했다. 그리고 아빠는 자연스럽게 거실 주변을 살폈다. 그때였다. 총총총. 내 방에서 방금 자다 일어난 것처럼 멍한 표정의 도도가 나오는 게 아닌가! 야옹(이게 뭔 소란이냐옹). 나는 어안이 벙벙한 표정으로 도도를 쳐다봤다. 부모님은 황당하다는 듯 나와 도도를 번갈아 쳐다봤다.

"도도야, 네가 왜 거기서 나와?"
"거봐. 도도일 줄 알았어."

도도는 나에게 다가와 꼬리를 흔들었다. 도도의 등

을 쓰다듬으며 아까 봤던 거대한 그림자를 잊으려 애썼다. 그래도 마음이 놓이지 않아서, 도도를 데리고 방에 들어가 문을 잠그고 다시 잠들기 위해 애썼다. 나와는 다르게 도도는 금세 다시 잠들었다.

  한밤의 소동이 있고난 뒤, 몇 차례나 비슷한 일이 반복됐다. '도도겠지' 생각하며 밖에서 기척이 느껴져도 애써 무시하고 나가보려 하지 않았다. 그러다 일이 터졌다.

"꺅!!!"

  새벽을 깨우는 날카로운 소리에 온몸에 털이 곤두섰다. 무슨 일이지? 본능적으로 베란다를 쳐다봤다. 또 없었다. 벌컥! 안방 문이 열리는 소리가 들리고 웅성웅성 대화 소리가 이어졌다. 그때였다. 야옹. 희미한 도도 소리가 닫힌 문틈으로 같이 흘러 들어왔다. 결국 문을 열고 소리가 들려오는 언니 방으로 향했다.

"악!! 이게 뭐야!"

 벌레였다. 언니 방바닥에 처음 보는 징그러운 벌레가 죽어 있었다. 그리고 벌레 앞에 도도가 차분하게 앉아 있었다. 아빠는 방으로 들어가 뒷처리를 했다.

"도도가 잡은 거야…?"
"뭔가 부스럭거려서 불을 켰더니 도도가 벌레를 잡고 있잖아…. 진짜 깜짝 놀랐네."
"어머머. 그러고 보니 언젠가? 안방 쪽에서 부스럭거리는 소리를 들었는데 그게 도도였나?"
"으…. 그럼, 저 벌레 며칠이나 우리 집을 돌아다닌 거야?"

 언니와 나는 동시에 소름이 끼쳐 팔을 비볐다. 팔뚝에 닭살이 잔뜩 솟아있었다. 야옹(내가 잡았다옹). 도도는 꼬리를 빳빳하게 세우고서 총총거리며 방을 빠져나갔다. 오늘따라 그 발걸음이 한층 더 당당해 보였다.

"도도 꼭 경비원 같네."

 그동안 밤마다 들리던 알 수 없는 기척이 도도였다는 걸 확인하고 모두가 안도의 숨을 내쉬었다. 아마도 밤마다 어둠 속에서 벌레를 잡으려고 며칠 동안 애를 쓴 모양이었다. 그 뒤로 집에 벌레가 나오지 않았다. 나는 더 이상 방문을 잠그지 않고 조금 열어두기 시작했다.
 가끔 예고 없는 기척이 잠을 깨우긴 했지만, 이제는 불안하지 않다. 오히려 집안 곳곳을 돌아다니며 순찰하는 도도의 모습이 떠올라 웃음이 났다. 문득 인간과 고양이의 관계는 집 안에서도 변함없다는 생각이 들었다. 고양이는 농작물을 갉아 먹던 쥐를 잡아주고 인간은 보답으로 먹을 것과 안전한 집을 제공해 주던 역사 속 관계처럼 말이다. 도도는 매일 밤, 순찰하며 집을 지키고 있었다. 어쩌면 요즘은 귀신을 잡고 있을지도….

아무 일이 일어나지 않아도

'읽지 않은 메일이 1건 있습니다'

 떨리는 마음으로 마지막 메일을 클릭했다. 이번에도 정중히 거절하는 메일이었다. 몇 번째인지 셀 수도 없을 정도다. 이번에도 실패였다. 휴우…. 답답해진 마음에 숨을 크게 몰아쉬자, 모니터 앞에 있던 도도의 귀가 팔랑거렸다.

 야옹. 도도는 여느 때와 같았다. 오늘도 그런 도도에게 위로를 받으며 하루를 시작했다. 휘익. 열어놓은 창문 틈으로 바람이 스몄다. 며칠 전부터 공기의 온도가 급격히 달라진 게 느껴졌다. 찬기 가득한 바람이 두터운 창문을 매섭게 두드렸다. 끈질겼다. 베란다로 나가 살짝 열려있던 문틈을 더 꽉꽉 눌러 닫았다.

반년이었다. 그 사이, 거리를 덮은 색이 변했고 웬만해서는 사람들을 만나지 않아 단조로운 백수 일상은 익숙해졌지만, 매번 실패를 마주하는 이 과정은 몇 번을 반복해도 괜찮아지지 않았다. 곧 연말이라 그런가, 오늘은 유독 주체할 수 없을 만큼 울적한 마음이 커졌다. 대충 외투를 걸치고 슬리퍼를 신은 채 편의점으로 향했다. 딸랑. 어서오세요, 휴대전화에 시선을 고정한 알바생의 무심한 인사 소리가 들려왔다. 드르륵. 바로 음료 진열대로 걸어가 문을 열었다. 톡 쏘는 환타를 집어 들고 계산대로 향하는 길에 매운 핫바까지 골랐다. 집에 들어오자, 웬일로 도도가 마중을 나왔다.

"도도야 오늘은 맛있는 거 먹는 날이야."

야옹(내 것은 없냐옹). 도도는 김이 모락모락 나는 핫바에 코를 붙이고 냄새를 맡으려 했다. 나는 핫바를 조금 잘라 도도 입에 넣어줬다.

"에잇, 오늘만이야."

냠냠. 도도는 처음 맛보는 짭조름하고 자극적인 맛

에 쉬지 않고 쩝쩝거렸다. 하지만 이내 퉤하고 뱉어냈다. 맛있는데, 도도 취향은 아닌가 보다. 나는 엉덩이가 더 무거워지기 전에 부엌으로 가서 츄르 하나를 가져왔다. 도도는 흥분해서 앞발을 사방으로 휘저었다.

"그래, 너도 고생했는데 츄르 정도는 먹어야지."

도도는 오랜만에 먹는 츄르를 단숨에 허겁지겁 핥았다. 혹시라도 뺏길까 앞발로 츄르를 든 내 손을 꼭 잡고서 말이다. 도도가 흥분한 모습을 보자 마음 저 깊은 곳에서 미안한 감정이 불쑥 올라왔다. 그래, 결과가 뭐가 그리 중요할까.

나는 노트북을 켜고 넷플릭스로 애정하는 영화를 틀었다. 몇 번을 봐도 질리지 않는 명작이었다. 집에 있던 과자와 음료수를 챙겨와 이불을 푹 뒤집어썼다. 폴짝. 도도는 이불 속으로 들어가 엉덩이를 나에게 찰싹 붙이고 앉았다. 그르릉. 골골송이 흘러나왔다. 도도의 온기를 느끼며 짭조름한 과자를 집어 먹었다.

영화 속 주인공은 시간 여행을 통해 여러 번 자신의 운명을 바꿔보려 시도했지만, 결국 그를 기다리고 있던 건 계획된 운명이었다. 어느새 영화는 죽음을 앞둔

아버지와 주인공의 마지막 대화 장면을 향했다. 스크린 화면 속 화려한 움직임이 신기한지 빼꼼 내민 도도의 고개가 빠르게 움직였다.

"도도야, 여기 엄청 슬픈 장면이야."

훌쩍. 눈물이 나오려는 걸 참으며 도도의 이마를 쓰다듬었다. 사실, 지나가는 세월 속에서 아쉬운 건 무엇을 잃으냐가 아니라 누구를 잃느냐가 아닐까. 마음이 울렁거렸다. 영화가 마지막 장면에 도달하자 몇백 번도 더 들었던 OST가 흘러나왔다. 도도는 기지개를 켜더니 침대에서 내려가 화장실로 향했다. 샥샥. 곧 익숙한 소리가 들렸다. 나는 노트북을 끄려다 다시 원고 파일을 열었다. 수도 없이 앞을 향해 나아갔지만, 여전히 망망대해 속에서 흘러가는 느낌이었다. 그때,

"지혜야, 저녁 먹어라."

한 것도 없이 어느새 하루가 끝나가고 있었다. 나는 노트북을 덮고 거실로 나가 평소처럼 가족들과 같이 식사를 시작했다. 언니는 오늘도 밥을 먹으면서 휴대

전화를 손에서 놓지 않았고, 엄마는 반찬 파는 아줌마처럼 따끈따끈한 신메뉴들을 자꾸만 권했다. 아빠는 라디오처럼 틀어놓은 텔레비전에서 홈런이 터지면 밥을 먹다 말고 박수치며 기뻐했다. 도도는 그사이를 비집고 들어와 닭고기는 없는지 고개를 요리조리 돌리느라 바빴다. 아무 일도 일어나지 않은 하루였고, 반대로 아무것도 잃지 않은 하루기도 했다. 가족들과 도도가 있다면 내일도 여전한 하루가 기다려질 것 같다.

네가 있어서 다행이야

 창밖으로 하얗게 쌓인 눈이 세상을 온통 하얗게 덮었다. 휴대전화 전원을 누르자 화면에 '12월 15일'의 오늘 날짜가 떴다. 창문을 열어 눈송이가 포슬포슬 떨어지는 모습을 한참이나 쳐다봤다. 손과 발끝이 빨갛게 변해 시릴 때쯤 옆에서 도도 울음소리가 들렸다. 냐옹.

 "미안, 추웠지?"

 나는 베란다 창문을 닫고 캣타워에 있던 도도를 안고 방으로 들어와 베란다 문을 마저 닫았다. 따뜻한 방바닥에 도도를 내려놓았다. 침대 바로 옆, 가장 뜨끈한 곳에 멈춰서더니 도도 몸이 스르르 흘러내렸다. 피식. 역시 고양이는 겨울이 잘 어울리는 동물이다. 나는 책상 위에 놓여있는 귤 하나를 까서 한 조각을 입에 넣었다. 오물오물. 시큼하지 않고 달았다.

"맛있네."

혼자 중얼거리며 책상에 앉았다. 딸깍. 마우스를 움직여 신중하게 클릭했다. 모니터를 뚫어져라 쳐다봤다. 마음에 들지 않았다. 바탕화면에 있는 폴더를 열어 '도도' 폴더 옆에 '해피'라는 이름의 하위 폴더를 클릭했다. 강아지 사진 수십 장이 줄을 지어 화면에 떴다. 17년을 함께했던 것에 비해 생각보다 사진이 많지 않다고 느껴졌다.

이거다! 해피가 즐겨 입던 노란색 옷을 입고 공원을 산책하다 찍은 사진을 찾았다. 사진을 끌어다 포토 사이트에 넣었다. 화면 맨 아래에 있는 '옆으로 넘기기'를 클릭하며 사진첩을 한 장씩 꼼꼼히 확인했다. 컴퓨터를 종료하자, 도도는 기다렸다는 듯 폴짝 책상 위로 올라와 내 얼굴에 머리를 콩(!)하고 박았다. 에잇. 볼에 잔뜩 묻은 도도 털을 손등으로 털어내며 서랍에서 편지지 하나를 꺼냈다. 도도는 모니터 앞에 식빵 자세를 하고 나를 찬찬히 바라봤다. 펜을 들고 한글자씩 정성 들여 써 내려갔다.

[무지개 너머로 보내는 3번째 편지]

 해피야. 올해도 잘 지냈어? 이번 해는 정말 특별한가 봐! 해피가 떠났던 날처럼 예쁜 눈이 소복이 쌓이고 있어. 거기도 눈이 오니? 맑은 눈을 함께 봤더라면 좋았을 텐데. 언제나 무지개 너머 너의 소식이 궁금해. 있지, 어느새 도도가 4살이 되었어. 얼마나 의젓해졌는지 몰라. 해피가 보면 정말 놀랄 거야. 가끔은 도도가 나보다 더 어른스러울 때도 있을 정도야. 보고 싶다, 해피야! 내년에는 나랑 도도가 더 멋진 어른이 되어 있기를 기대해 줘.

 뚝뚝. 눈에 아슬아슬 맺혀 있던 눈물방울이 결국 볼을 타고 묵직하게 편지지에 떨어졌다. 잉크가 춤추듯 번져나갔다. 나는 황급히 옆에 있던 각 티슈를 한 장 뽑아 편지지 위 눈물방울을 꾹꾹 눌러 닦았다. 다행히 글자가 많이 번지지는 않았다. 편지지를 들고 조심히 흔들어 축축하게 젖은 곳을 말리려고 했다. 그때, 도도가 앞발을 뻗었다. 흔들리는 편지지를 잡으려 한 것 같았지만, 조준을 잘못해 내 얼굴을 스쳤다. 덕분에 얼굴에 남았던 작은 눈물방울이 닦여 나갔다.

"어머. 방금 눈물 닦아준 거야, 도도야?"

그런 의도가 아닌 줄 알면서도 따뜻한 도도의 감촉이 느껴지자, 마음이 찡해졌다. 아니면 뭐 어떤가. 그냥 눈앞에 도도가 있는 것만으로 아려오는 감정이 진정됐다. 도도의 부드러운 등을 천천히 쓰다듬었다. 그릉그릉. 기분이 좋은지 눈을 감고 골골송을 부르며 귀를 팔락였다. 도도의 앞발 하나를 슬쩍 잡았다. 도도는 꼬리로 바닥을 탁탁 치면서도 싫지는 않은지 빼지는 않았다. 기회는 이때였다. 휴대전화를 들고 악수하듯 잡은 손을 살짝 들어 올려 사진을 찍었다. 그리고 도도 앨범으로 옮겨 이름을 '악수한 날'이라고 바꿨다. 도도는 발을 건드리는 걸 유독 싫어했기에 더 감동적이었다. 이건 기념으로 남기는 게 맞았다. 도도 덕분에 슬픔이 감격으로 바뀌었다.

"오늘 완전 행운의 날이네! 눈도 오고, 악수도 하고."

편지지를 봉투에 넣고 스티커까지 붙인 뒤, 맨 밑 서랍에 넣고 있는데 도도가 바닥으로 내려가 울었다. 야옹. 베란다에 있는 화장실을 갈 모양이었다. 베란다 문을 살짝 열어주자 황급히 나가 모래 파는 소리가 들렸다. 다시 방으로 들어가려는데 아까보다 더 새하얗게 변한 바깥 풍경이 눈에 들어왔다.

"세상에!"

나도 모르게 다시 베란다 창문을 살짝 열고 밖을 바라봤다. 내린 눈이 그새 빽빽하게 쌓였다. 도도는 볼일을 다 봤는지 내 머리 옆의 캣타워 위로 올라와 바깥을 같이 구경했다. 나는 도도를 안아 들고 차가워진 손을 도도로 덮었다. 냐옹.

"조금만 참아봐. 따뜻하다."

등을 토닥이자, 도도는 금세 차분해졌다. 도도는 내 어깨에 매달렸다. 나는 도도가 같이 밖을 보기 편하게 몸을 살짝 틀었다. 눈이 끝도 없이 고요하게 떨어졌다. 아득히 먼 하늘을 쳐다보며 도도에게 말했다.

"고마워 도도야. 네가 있어서 참 다행이야."

집사의 편지 4
: 24년 9월 9일, 우리의 이야기가 세상에 나올 날

 도도야, 9월 9일은 우리에게 아주 특별한 날이 될 거야. 지난 4년 동안 나는 너와 함께하면서 많은 변화를 겪었어. 끝나지 않을 것 같던 어둠의 터널에서도 빠져나왔고, 주변에 좋은 사람들도 많아졌거든.

 하지만, 무엇보다도 내가 어떤 존재를 이렇게까지 사랑할 수 있는 사람이라는 걸 알게 된 게 가장 큰 변화인 것 같아. 그리고 사랑에는 그럴싸한 조건이 아니라 작은 온기를 서로 맞대는 것으로도 충분하다는 걸 알게 됐어. 나에게 변하지 않는 온기를 나눠줘서 고마워.

 그동안 졸면서도 새벽 원고 작업에 함께 하느라 고생 많았어! 그리고, 지난 시간 동안 내 곁을 변함없이 지켜줘서 수없이 힘들었던 일들을 버틸 수 있었던 것 같아. 너의 이야기가 이 세상을 구하기보다, 따뜻하게 만들어줄 수 있으면 좋겠어. 우리, 앞으로도 지금처럼 서로에게 온기를 빌려주는 사이길 바라. 계속 잘 부탁해!

에필로그
따뜻한 온기가 우리를 살게 합니다

　제가 고양이에 대한 글을 쓴다고 했을 때 많은 사람이 신기해했습니다. 상대적으로 고양이가 주인공인 책이 많지 않기 때문이겠죠. 지난 몇 달간 저는 오로지 집필하는 데만 집중했습니다. 오랫동안 글을 써왔지만, 정작 출간은 처음이라 모든 게 서툴렀죠. 무엇보다도 원고를 쓰는 시간 동안 고독하고 외로웠습니다. 하얀 백지 위에 길을 만들어 걸어가는 것은 오로지 제 몫이었습니다. 수없이 포기하고 싶던 순간들을 이겨내게 한 건, 멋진 작가가 되고 싶다는 제 개인적인 욕심이 아닌 '사랑하는 도도와의 이야기를 통해 위로받고 힘낼 누군가가 있을 거라는 믿음' 때문이었습니다.

　저는 그동안 누구보다 '고양이'를 잘 알고 있다고 자신했습니다. 제 인생 대부분의 시간을 동물들과 보냈으니까요. 당연히 남들보다 많이 알고, 또 좋아한다고 자부해 왔습니다. 그런데 원고 집필을 위해 사전 조사를 하면서 모든 게 저의 착각이었음을 깨달았습니다. 오히려 사전 조사 기간에 고양이에 대해 새롭게 알게 된 것들이 얼마나 많았는지! 그제야 사실 제가 고양이에 대해 제대로 공부해 본 적이 없다는 것을 인정했습니다. 모르는 것들을 배우고, 새롭게 깨닫는 만큼 도도에 대해서 알고 이해하게 되는 것들이 많아졌습니다. 그리고 더 사랑하게 되었죠. 덕분에 그 시간이 결코 아깝게 느껴지지 않았습니다.

4년 전, 작고 연약한 한 생명을 살리고 싶다는 '연민'의 감정으로 도도를 만났습니다. 처음 만난 날, 손등으로 온기를 나누며 도도에게서 느껴지는 이 온기가 평생 변하지 않도록 지켜주겠다고 결심했습니다. 그리고 최고의 보호자가 되겠노라고 다짐했지요. 놀랍게도 도도의 회복은 저의 회복으로 이어졌습니다. 도도를 돌보기 위해서 했던 행동들이 제 일상을 자연스럽게 회복시켰고, 도도가 나눠 준 온기를 기억하며 힘들고 지칠 때마다 버틸 수 있었습니다.

사랑하게 된다는 것은 참 신기합니다. 배고플 때만 찾아와서 뻔뻔하게 밥 달라 하고, 시도 때도 없이 졸졸 쫓아다니며 재잘재잘 수다를 떨어도 귀찮거나 싫지 않았습니다. 오히려 도도의 그런 모습에서 제가 준 사랑이 듬뿍 묻어있음을 느꼈기 때문입니다. 저에 대한 신뢰가 높아질수록 도도는 더욱더 눈치 보지 않았습니다. 문득 도도가 제멋대로 구는 모습에서 당당하고 자기답게 살아가고 있다는 걸 깨닫게 될 때마다 한없이 벅찬 기쁨을 만끽합니다. 이제는 이것이 '베푸는 사랑'을 통한 행복이라는 걸 깨달았습니다.

일반적으로 우리는 자기보다 연약한 존재를 그저 '보호해야 하는 대상'으로만 여깁니다. 그래서 돌봄은 일방적으로 희생하는 거라고 착각합니다. 하지만, 우리가 서로를 지켜주게 되는 것은 단순히 물리적인 '힘'에만 있지 않습니다. 도도와 저처럼 우리를 살게 하는 진짜 힘은 '따뜻한 온기'에서 비롯됩니다. 도도가 저의 보호자라고 말하는 이유가 여기에 있습니다. 우리는 어떤 존재든 서로를 향한 사랑을 담은 온기만 있다면 함께할 수 있습니다. 결국, 서로의 온기에 의지하며 살아가는 게 '공존'이 아닐까요?

저는 그동안 세상에서 외면받는 존재들의 가치는 논리적이고 합리적으로 설득해야 한다고 생각해 왔습니다.

누구나 납득할 수 있어야 하는 게, 가장 이상적인 방법이라 생각했기 때문입니다. 하지만, 도도와 함께 한 지난 4년의 세월은 그게 전부가 아니라는 걸 알게 했습니다. 이렇게 작고 연약한 생명체가 살아가는 존재 이유가 무엇인지 곰곰이 생각해 보니, 결론은 한 가지였습니다. '함께하는 것'. 그저 존재만으로 사랑스럽고, 살아있다는 것만으로 제게 위로가 되기도 하고, 기쁨이 되기도 하는 것이 도도의 존재 가치니까요. 그래서 저는 책에서 고양이라는 존재를 있는 그대로 보여주고자 노력했습니다. 이 책을 읽고 도도가 사랑스러웠다면 목표한 바를 이룬 것 같습니다.

   이 책의 주인공은 제가 아니라 '도도'입니다. 도도의 이야기를 통해 우리 곁에서 늘 함께하고 있는 동물 친구들이 좀 더 사랑받고 존중받기를 간절히 바랍니다. 세상이 좀 더 좋아지기보다 따뜻해지기를 소망하며, 힘보다 글로 세상을 바꾸는 사람으로 살겠다고 다짐해 봅니다. 그리고 잊지 마세요. 우리도 이미 누군가와 따뜻한 온기를 나누며 살고 있다는걸요.

저의 보호자는 고양이입니다

초판 1쇄 발행 2024년 9월 9일

지은이 슬로(이지혜)
펴낸곳 아웃오브박스 / **편집** 심은선
디자인 쇼이디자인

출판등록 2018년 2월 14일 제 2018-000001호
주소 경상남도 밀양시 새미안길 9-1 갤러리빌라 101호
전화 070-8019-3623
메일 out_of_box_0_0@naver.com

ISBN 979-11-984561-9-9 (13810)

*정가는 책 뒤표지에 있습니다.

이 책의 판권은 지은이와 아웃오브박스에 있습니다.
이 책은 저작권법에 의해 보호를 받는 저작물이므로 무단 복제 및 무단 전재를 금합니다.